MODERN HUMANITIES RESEARCH ASSOCIATION

CRITICAL TEXTS

VOLUME 2

Editor
MALCOLM COOK
(*French*)

LES PARABOLES
MAISTRE ALAIN EN FRANÇOYS

The translator presenting his work to Charles VIII

LES PARABOLES
MAISTRE ALAIN EN FRANÇOYS

Edited with an introduction by

Tony Hunt

MODERN HUMANITIES RESEARCH ASSOCIATION
2005

Published by

The Modern Humanities Research Association,
1 Carlton House Terrace
London SW1Y 5DB

© The Modern Humanities Research Association, 2005

Tony Hunt has asserted his right under the Copyright, Designs and Patents Act 1988 to be identified as the author of this work.

All rights reserved. No part of this publication may be reproduced, stored in a retrieval system, or transmitted, in any form or by any means, electronic, mechanical, photocopying, recording or otherwise, without the prior permission of the publishers.

The frontispiece is a detail from 'Politicques d'Aristote' (1489) and is reproduced from John Macfarlane, *Antoine Vérard* (London: Chiswick Press for the Bibliographical Society, 1900) by permission of the Syndics of Cambridge University Library.

First published 2005

ISBN 0 947623 64 7

ISSN 1746-1642

Copies may be ordered from www.criticaltexts.mhra.org.uk

Contents

Preface vii

Introduction 1

Les Paraboles 51

Rejected Readings 118

Commentary and Notes 125

Glossary 150

Appendix: Alan of Lille, *Liber Parabolarum* 158

Preface

There are many good reasons for presenting an edition of the anonymous fifteenth-century French translation of Alan of Lille's *Liber Parabolarum*. First, it has never been edited and the 1492 print by Antoine Vérard survives in fewer than a dozen copies. The work is thus all but inaccessible. Secondly, as a part of European cultural history it is a significant example of the trend to the vernacularization of school texts which marked the later Middle Ages and ushered in the Renaissance.[1] The *mise en page*, comprising woodcuts, the Latin original, the French verse translation and a French prose commentary, is also significant and instructive for the study of pedagogic method. In particular, the provision of a prose commentary yields further insight into medieval 'explication de texte' and moral exegesis. In addition the work offers a valuable illustration of the phenomenon of translation in the Middle Ages, shedding light on techniques of translation together with a variety of associated problems and their solutions. Furthermore, it earns a notable place in the history of French versification as a result of the author's dazzling virtuosity which intermingles no fewer than 32 rhyme schemes. Last, not least in utility, it furnishes an ambitious addition to the stock of medieval paroemiological and sententious literature.[2] For all these reasons it unquestionably earns its place in the growing canon of published Middle French texts.[3]

---

[1] See J. Monfrin, "Humanisme et Traductions au Moyen Age" in A.Fourrier (ed.), *L'Humanisme médiéval dans les littératures romanes du XIIe au XIVe siècle* (Paris, 1964), pp.217–46 and pp.247–62 ("Les Traducteurs et leur public en France au Moyen Age"). See also R.H. Lucas, "Mediaeval French Translations of the Latin Classics to 1500", *Speculum* 45 (1970), 225–53.

[2] See the references in J.-F. Kosta-Théfaine, "Les *Proverbes moraulx* de Christine de Pizan", *Le Moyen Français* 38 (1997), 61–77 and D. Alexandre-Bidon, "Quand les maîtres parlaient par proverbes", *Education, Apprentissages, Initiation au Moyen Age*, Cahiers du C.R.I.S.I.M.A. 1 (1993), 23–43.

[3] See Cl. Thiry, "Bilan sur les travaux éditoriaux" in B. Combettes & S. Monsonégo (eds.), *Le Moyen Français: philologie et linguistique, approches du texte et du discours. Actes du VIIIe Colloque International sur le Moyen Français, Nancy, 5–6–7 septembre 1994* (Paris, 1997), pp.11–46.

Introduction

Alan of Lille's *Liber Parabolarum*, often known as *Doctrinale minus* or *Parvum Doctrinale*, was no doubt an early work, though there have been no credible attempts at a precise dating. It is a collection of sententious comparisons (which in chapter 1 are presented in an initial hexameter) which generate moral maxims (in chapter 1 they are expressed in a following pentameter), grouped according to subject, amounting to 321 distichs in all. These are presented in a quite distinctive arrangement. The collection has six chapters, each of which groups the distichs in sections of predetermined length, whilst the overall allocation of distichs per chapter remains remarkably consistent: the verses are in pairs (distichs) in chapter 1 (56), in fours in chapter 2 (52), in sixes in chapter 3 (51), in eights in chapter 4 (52), in tens in chapter 5 (50), and in sections of a dozen lines in chapter 6 (60). This is not apparent from the text printed in Migne's *Patrologia Latina* 210, cols.579–94, but is clearly indicated in the commentary which is found at the head of each chapter in the French translation which we edit below. Free use is made of classical and Scriptural sources and despite Raynaud de Lage's low estimate of the work,[1] it has to be recognized that it was remarkably popular as a school text, being incorporated into the enlargement of the 'Liber Catonianus' known as the 'Auctores octo morales' where it kept company with the *Disticha Catonis*, *Ecloga Theodoli*, *Facetus*, *Cartula*, the *Tobias* of Matthew of Vendôme, the *Aesop* of Gualterus Anglicus (Anonymus Neveleti) and the *Floretus*.[2] This important corpus of educational texts remained a standard collection in the humanistic

---

[1] G. Raynaud de Lage, *Alain de Lille: poète du XIIe siècle* (Montréal / Paris, 1951), pp.15–17.

[2] See Tony Hunt, *Teaching and Learning Latin in Thirteenth-Century England*, 3 vols. (Cambridge, 1991), vol. 1, pp. 59–79.

learning of the Renaissance, but by that time several of the individual works had been translated in the vernacular.

The first example of translation of the *Parabolae* is found in a late-thirteenth century compilation from Reading Abbey, now MS London, Lambeth Palace Library 371,[3] the later part of which contains a text of the *Disticha Catonis* accompanied by Everard's Anglo-Norman translation, the 'Novus Cato' and the 'Cartula'. Among these, on ff.130va–134ra, is a text of the *Parabolae* up to and including V,3, written in a brown ink.[4] From the beginning up to and including II,7 the Latin distichs or groups of distichs are followed (with a few exceptions) by an Anglo-Norman prose paraphrase (rather than strict translation) written in red. The content of the distichs has been resumed in Latin marginal summaries which have unfortunately been damaged by cropping of the pages. It is clear that sometimes the Anglo-Norman paraphrase is based on, or influenced by, the Latin summary rather than the text itself. In addition, there are some interlinear variants to the Latin text. It seems fair to say that the vernacular is provided less as an aid to construing the Latin of the *Parabolae* than as a device to ensure adequate comprehension of each distich's moral sense.

Over a century later another French translation, or adaptation, of the *Parabolae* was made and survives in a fifteenth-century manuscript, Paris, BNF f.fr.12478, a paper MS of 291 folios, measuring 290 x 215mm. The MS begins with an anonymous and incomplete translation of Ovid's *Remedia Amoris*, which is followed by the version of the *Ars amatoria* produced by Jacques d'Amiens (fl. late thirteenth century), succeeded by *La Puissance d'amour* of pseudo-Richard de Fournival. The second half of the

---

[3] See A. Coates, *English Medieval Books: the Reading Abbey Collections from Foundation to Dispersal* (Oxford, 1999), p.69 and Appendix F no.65 (p.156).

[4] See T. Hunt, "Une traduction partielle des Parabolae d'Alain de Lille', *Le Moyen Age* 87 (1981), 45–56 and *id.*, "'Les Paraboles maistre Alain'", *Forum for Modern Language Studies* 21 (1985), [362–75] 363–66.

Les Paraboles Maistre Alain en Françoys

MS consists of vernacular versions of certain school texts from the 'Auctores octo', in particular a long translation into octosyllabic couplets, attributed to the minorite Jacquemon Bochet, of the *Ecloga* of 'Theodolus', which occupies ff.90v-248r.[5] This is followed (ff.249r-68r) by the 'Proverbez d'Alain',[6] which seems to be the work of a Thomas Maillet (late fourteenth century ?) who was also responsible for the translation of the two *Facetus* texts which complete the manuscript.[7] The Latin of the *Parabolae* is not transmitted and the translation, running to 1268 lines, matches each line of the original with an octosyllabic couplet, so that in Chapter 6 the 12-line sections of the original are expanded to 24 lines of French. There is no evidence that the translator made use of a gloss or commentary, his main purpose evidently being to replace the Latin and provide a more accessible, vernacular version, perhaps in the process of educating the young.

All of this is quite different from the circumstances of the third translation, which we present below. It is anonymous and dedicated to Charles VIII,[8] as was Henri Baude's *Eloge de Charles VII* c.1484 (?) and the *Donnet baillé au feu roy Charles huytiesme de ce nom* (1491?) which appeared in the *Jardin de Plaisance* (Vérard: 1501)[9]

---

[5] See the excerpts printed by A. Parducci, "*Le Tiaudelet*: traduction française en vers de Theodulus", *Romania* 44 (1915–17), 37–54.

[6] See my edition forthcoming.

[7] See J. Morawski, *Le Facet en Françoys. Edition critique des cinq traductions des deux Facetus latins avec introduction, notes et glossaire*, Poznanskie Towarzystwo Przyjacioł Nauk, Prace Komisji Filologiczne tom.II, zeszyt 1 / Société Scientifique de Poznan, Travaux de la commission philologique t.II, fasc.1 (Poznań, 1923).

[8] On Charles VIII see the studies of Y. Labande-Mailfert, *Charles VIII et son milieu, 1470–98: la jeunesse au pouvoir* (Paris, c.1975) and *Charles VIII: le vouloir et la destinée* (Paris, c.1986). See also A. Denis, *Charles VIII et les Italiens: histoire et mythe* (Genève, 1979).

[9] See E. Droz & A. Piaget (éd.), *Le Jardin de Plaisance et Fleur de Rhétorique* SATF t.1–2. (Paris, 1925), t.2, pp. 87–90.

and is quite possibly by Molinet. Charles VIII had received a somewhat rudimentary education and was later reputed to have delved into 'livres moraulx et hystoriaulx en langue vulgaire'.[10] The *Paraboles maistre Alain* would have made an appropriate moral guide to the young king. It was published by Antoine Vérard in Paris on March 20, 1492 (1493 new style),[11] one of fourteen works published by him that were dedicated to Charles before he addressed his own prologue to the monarch in the *Legende doree* of 1493.[12] The *Paraboles* bears the title *Les Paraboles maistre Alain en Francoys* (f.1), which is followed on f.2 (a ii) with a cut, occupying three quarters of the page, showing the translator presenting his work to his monarch.[13] Fewer than a dozen copies are known to survive. There are 100 folios and 252 cuts, many of which recur at short intervals and a large number of which (perhaps as many as 197), including the frontispiece, had already been used

---

[10] The *Donnet* simply takes elementary grammatical concepts as a framework on which to hang a work of regrets for past disorders and frivolities. The work ends 'Ainsi fina le penitent / des accidens du temps passé / ainsi qu'il met en se patent / par les poins qu'il a confessé / lesquelz je me suis appensé / d'escrire en ce livre present / pour en faire ung petit present'.

[11] See *Gesamtkatalog der Wiegendrucke* 1 (Leipzig, 1925), col. 232 (no.509). The colophon is reproduced in A. Claudin, *Histoire de l'imprimerie en France au XVe et au XVIe siècle* t.2 (Paris, 1901; repr. Nendeln, 1976), p.460.

[12] See M.B. Winn, *Anthoine Vérard, Parisian Publisher 1485–1512: Prologues, Poems, and Presentations*, Travaux d'Humanisme et Renaissance CCCXIII (Genève, 1997), pp.46f.

[13] Reproduced as frontispiece here and in J. MacFarlane, *Antoine Vérard*, London Bibliographical Society Illustrated Monographs VII, Sept. 1900 for 1899 and in H.W. Davies, *Catalogue of a Collection of Early French Books in the Library of C. Fairfax Murray*, pt.1 (London, 1961), p.444 (drawn from the 1506 ed. of the *Lucidaire*). See also M. Munsterberg, "The Parables of Alain de Lille', *The Boston Public Library Quarterly* 7 (1955), 34–42 who mistakenly believes "it is the first French translation of the work" (p.34). Winn, *op. cit.*, p.112 reproduces the frontispiece of the royal copy in Chantilly painted by the Master of Jacques de Besançon.

in the *Cent nouvelles nouvelles* of 1486.[14] Some of the cuts that had already been used are refined in *Les Paraboles* by the addition of background detail missing from earlier prints (compare, for example, ciiii of the *Paraboles* with aa iii [tale 69] of the *Cent nouvelles nouvelles*).[15]

The *mise en page* of Alan's text is of particular significance. The translator's conception of his source is as the work of a theologian rather than of a schoolmaster and he is anxious that the accuracy of his rendering into French should be constantly open to verification:

> Et s'il est aucun theologue
> Ou autre qui die que je voys
> Contre droit de mettre en françois
> Le livre, honneur sauf il arrogue,
> Puis que le françois ne desrogue
> En rien la parole latine,
> Ainsi que premier au prologue
> Du commentateur je le signe.
>
> Le latin est fort familier,
> Mais touteffois se je devie,
> General et particulier,
> De moy excuser je supplie.
> ...

---

[14] The frontispiece was also used in the *Ethiques* and *Politiques* of Aristotle (1488 and 1489), the *Vengeance Notre Seigneur* (1491), *Orose* (1491), *Seneque des motz dorez* (1491), *Josephus de la bataille judaique* (1492) and a number of later publications, making a total of 18. Cf. Davies, *op. cit.*, p.71 (no.73) and pt.2, pp.898–9 (a selection of cuts).

[15] There are 34 cuts from the *Crescens* (1486) and 2 from *La Marche* (1488).

Tony Hunt

> Pour servir de texte et de glose,
> Affin qu'on ne die que je mens,
> Le texte rigmeray; la prose
> Je feray selon les commens,
> Affin que tous les elemens
> De la lettre puisse expliquer
> A ceulx qui leurs entendemens
> A mes ditz vouldront appliquer.
> (ll.26–37, 42–9)

After his rather mannered and apologetic verse prologue the translator provides 'le prologue du commentateur' beginning '[C]e livre selon la coustume des clercs peut estre appellé en deux manieres', which is a prose translation of a Latin *accessus*, as we shall see. The work proper begins (a v) with two cuts, side by side, and then the prose commentary to I,1 in French, which is in turn succeeded by *Le texte*,[16] that is, the vernacular rendering of the distich, with the Latin original printed alongside. This pattern is adhered to throughout. The layout[17] seems to serve a number of functions. First, the authority of Alan of Lille is safeguarded by the provision of the Latin original. The fidelity of the vernacular rendering may thus be easily tested, an important desideratum, given the translator's delight in a profusion of metrical patterns which transport us far away from the laconic style of the original.

---

[16] See for an example the *Catalogue of Books Printed in the XVth Century now in the British Museum* pt.VIII (London, 1949), pp.70-2 (Vérard's type) and illustrations of 'Le texte' in the facsimile edition (XF 117B = the French, and XIIF 90B = the Latin marginal text).

[17] On the classification of layout in German manuscripts involving text and translation cf. N.F. Palmer, "Zum Nebeneinander von Volkssprache und Latein in spätmittelalterlichen Texten" in L. Grenzmann & K. Stackmann (eds.), *Literatur und Laienbildung im Spätmittelalter und in der Reformationszeit: Symposion Wolfenbüttel 1981* (Stuttgart, 1984), pp.579–600.

Les Paraboles Maistre Alain en Françoys

Equally important, our reading of the translated distichs is preceded by the commentary which ensures that the didactic import of the distich is well understood first. The versifier's virtuosity may only be safely admired when the moral significance of the text has already been digested. That virtuosity can be appreciated all the more through comparison with the shorter Latin text. This sequence of cuts, commentary, and vernacular text accompanied by the Latin original, thus serves the interests of all three participants: Alan, his translator, and the reader. The correct understanding of the content is assured by the prose commentary in French, whilst the translator's formal achievements are given prominence by easy comparison with the adjoining, more prosaic, Latin. There remains one significant uncertainty and that is the source of the French commentary. Certainly, material is freely borrowed from a known Latin commentary, but there are times when the commentary seems to follow the French verse rendering, which is often considerably amplified compared with the Latin original, whilst at other times it seems to go against the French and adhere closely to the Latin. The author / translator of the French prose commentary is hence not the author of the verse translation.

The anonymous vernacularisation of Alan's *Parabolae* and of the accompanying commentary was reprinted some forty years after Vérard by Denis Janot, with a title page as follows:

LESPARA
boles de Maistre Alain *estudiant*
en luniversite de Paris ausquelles
sont comprins *plusieurs* bons en=
seignemēs prouffitables *a ung*
chascū lequel *Alain confō*=
dit les hereticq̄s q̄ estoiēt
a *Romme* qui *souste*=
noient une erreur cō=
tre la *tresacree uniō*

Tony Hunt

de la saincte tri=
nite de para=
dis *Nou*=
uelle=
mēt
Imprimees a *Paris*,
* On les vend au premier pilier de
la grand sale du palays en la bou
ticque de Denys Ianot[18]

From 1535 Janot used exclusively the address 'a l'enseigne Sainct Jean Baptiste, pres Saincte Geneviefve des Ardents'. His collaboration with J. Longis and P. Sergent, attested in the colophon to *Les Paraboles*,[19] started in 1534, and further evidence concerning initials in the text all point in the same direction, namely that *Les Paraboles* appeared in 1534 or early 1535.[20] The text of the translation is identical except for minor orthographical variants. I have listed all variants at the end of my edition. They fall into three categories.

First, Janot has corrected a number of typographical errors in Vérard's edition, the commonest of which is inverted *u* (I,54 *plenrs*,

---

[18] The italicized words appear in red in the original.

[19] The colophon reads 'Cy finist les paraboles maistre Alain / nouvellement Imprimez par De/nys Janot pour Pierre Ser/gent et Jehan Longis / demourant a / Paris'.

[20] On Janot see H. Omont, "Catalogue des éditions françaises de Denys Janot libraire parisien (1529–1545)", *Mémoires de la Société de l'Histoire de Paris et de l'Ile-de-France* 25 (1898), 271–96 (prints the catalogue which Janot put out in 1544); Ph. Renouard, *Répertoire des imprimeurs parisiens ...* (Paris, 1965), pp.216–7; S.P.J. Rawles, *Denis Janot, Parisian Printer and Bookseller (fl.1529–1544)*, PhD. diss. Warwick, 1976, 2 vols. I have used the copy of Janot in the British Library (C.97 a.23) which formerly belonged to the author, bibliophile and publisher Edouard Rahir. It is the only complete copy of the three known to exist. The others are Paris, B.N. Rés. Ye 1251 (lacks gathering A) and Beaux-Arts, Masson 268 (lacks G3).

Les Paraboles Maistre Alain en Françoys

II,8 *gonverner*, II,10 *sonstenir*, III,14 *lorgneil*, IV,11 *sonstenir*; note the converse IV,3 *maius*). In I,53 *semblance*, which does not rhyme, has been corrected to *semblable* and in I,54 *merancolie* has been changed to *melencolie*. *Cer* (III,8) has been corrected to *Car* and the dittography in III,14 (*termes et termes et querele*) has been cleared. In IV,13 *my* has been replaced by *mie* for the sake of the rhyme. In turn, and inevitably, Janot's text exhibits a few typographical errors of its own e.g. *infecnude* for *infecunde* (V,1), *le juste* for *les justes* (I,23), *rour* for *pour* (I,27), *donne* for *donner* (I,28), *querant* for *querent* (I,43), *nuise* for *nuire* (I,45), *fleuuues* for *fleuves* (III,3), *fort* for *soit* (III,4), *tirer* for *tiree* (IV,1).

The second category of errors in Janot results from incorrect expansion of Latin abbreviations in Vérard e.g. I,24 iacent $\bar{\imath}$*munda* > *iacentū muda*; IV,2 *ipē* > *ipem*; V,8 *S$\bar{p}$que* (= *semperque*) > *sper$\bar{q}$*); V,8 *prīs* (= *patris*) > *prins*; V,10 *Neō* (= *Nemo*) > *Neon*. At III,5 in Vérard *lucro* is printed with what looks like a *de* monogram, with the result that Janot prints *luced*.

There is a third category of apparent inadvertences. Janot's *estaindre* at 1.91 instead of *reffraindre* destroys the repetition of the line from ll.85 and 88. In the commentary to I,20 *monumens du corps* is mistakenly printed for *mouvemens du corps*. At III,15 Janot has failed to observe a necessary stanza division, because in Vérard the second stanza begins on a new page and it was hence not necessary to mark the division by a space. III,16 is printed as a single stanza. At II,20 all the stanzas are run into one, but their identity is preserved by paragraph marks.

Naturally, it is valuable to have Janot's edition as an aid in editing Vérard. There are some modest differences in the commentary as well as the correction or introduction of misprints as outlined above. At I,18 Janot offers a versified form of the proverb quoted in Vérard, 'Que coup de langue vault pis / Que coup de lance au pis'. In I,33 Janot replaces 'la verge qui est baston accut denoté par l'esperon' with 'la verge qui est le vray esperon de jeunesse puerille'. The commentary to I,46 has 'le Lacteur'.

Completely changed, however, is the layout. There are only 46 cuts, representing 30 designs. They are often simpler than they are in Vérard. Sometimes they are obviously related to the text e.g. a pig for I,3; a fisherman for I,12 (repeated for I,29); a dog for I,15; a satyr with bow and arrow for I,18; a ship for I,19 (repeated for I,56). After the translator's prologue and the 'prologue du commentateur', the treatment of each distich or group of distichs is arranged as follows: first comes the Latin text, which thus gains in primacy; then, fairly regularly, a single cut (not paired as so often in Vérard); next, *Le texte* i.e. the vernacular translation; finally, the commentary headed 'sens moral'. The latter always begins with a boxed, decorated initial (in Vérard the initials were not entered and only a guide letter remains). The interpretative process promoted by Janot's layout is significantly different, therefore, from that of Vérard's. First, the primacy of the Latin text is restored by its position at the beginning of the textual sequence and by its central placing on the page. The French translation is then taken as an embellishment, both formally and thematically, of the Latin, rather than as a substitute for it. The significance of the *sententiae* is then thoroughly worked out in the prose commentary. As we saw, in Vérard it is the latter which is digested first, even before the original verse text has been read, and the Latin, in smaller type alongside the French translation, remains secondary. Janot's arrangement is the more logical one and perhaps the original one, too, when note is taken of the commentary to I,1, which begins: '[A]insi doncques par les dessusdits vers est monstré qu'il n'est si scient en tout le monde qui ne soit subject a la mort'. It seems that Janot's work was destined for readers with a greater competence in Latin. In Vérard the cramped position of the Latin text makes it less prominent and accessible, reducing it, perhaps, to a mere guide to the reader's place in the *Parabolae*.

The French commentary contains a long prologue based on a Latin model ('Iste liber duobus modis solet nominari ...') which is found in many early printed editions of the *Parabolae*,[21] first explaining in the standard scholastic manner the title of the work and the name of the author:

[C]e livre selon la coustume des clercs[22] peut estre appellé en deux manieres: l'une *Doctrinal* par la bonne doctrine qui y est contenue, ainsi que en toutes sciences tout livre qui donne ou traicte aucune doctrine prouffitable aux auditeurs d'icelui peut estre appellé doctrinal, mais cestui nom est commun;[23] l'autre maniere, plus propre et plus speciale, c'est *Alain des Paraboles*; 'Alain' a cause de celui qui le fist, 'des Paraboles' a cause de la matiere qu'il y mist.

The commentary continues with two anecdotes concerning Alan. The first runs as follows:

Et est leu de celui Alain, acteur de ce present livre, que ce fut ung clerc estudiant a Paris, lequel par grace de Dieu, vivacité d'esperit et bonne estude en la science des sept ars liberaulx, avecques ce congneut les lois et les decrets et de la saincte theologie plus que homme qui fust adonc estudiant en ladicte

---

[21] I have used the texts printed by Wynkyn de Worde: *Parabole Alani cum commento* (1508 [incomplete]) and *Alanus de parabolis, alias Doctrinale altum, cum luculenta glosarum expositione, Londoniis noviter impressus per Wynandum de Worde in parrochia sancte Brigide in vico anglice nuncupato the fletestrete ad signum solis aurei commorantem* (1510). I have occasionally made use of Melchior Lotter's 1512 Leipzig edition, *Alani Proverbia cum exponilibus sententiis diligenter correcta*.

[22] The Latin prologue has simply 'secundum quosdam'.

[23] This comment is replaced in the Latin by the observation 'Tamen istud nomen doctrinale appropriatum est isti libro quem composuit magister Alexander de Villa Dei, qui incipit Scribere clericulis etc.'

université de Paris.[24] Et bien le monstra, car ung temps fut que celui Alain preschoit ordinairement a Paris et avoit en ses predications tant de gens continuellement que c'estoit une chose merveilleuse. Si advint que une fois ledit Alain en ung de ses sermons promist qu'il prescheroit de la saincte Trinité et monstreroit au peuple comme la distinction des personnes en une mesme deité se devoit entendre, a l'occasion de quoy le peuple de Paris, considerant la haute science de Alain et l'inestimable matiere dont il leur promettoit preschier, fut plus esmeu et inclin de venir au lieu ou devoit estre fait ce sermon, lequel Dieu ne parmist pas estre faict, car, le jour precedent que maistre Alain deust preschier, il s'en alla pour recreer son entendement et passer temps hors la ville de Paris, tournoient[25] le long de la riviere de Sainne,[26] et là trouva ung jeune enfant vestu de blanc qui en une cuillier prenoit de l'eaue de Sainne et la portoit en une petite fosse qu'il avoit faicte assés loing de là. Et pour ce que le lieu estoit areneux, autant de eaue comme le jeune enfant mettoit en la fosse entroit dedens et se depuroit ailleurs sans y arrester, laquelle chose Alain, passant par là, regarda moult admirativement et demanda a l'enfant qu'il avoit en pensee de faire. Et il respondit que son intention estoit de mettre toute l'eaue de Saine et la porter avecques sa cuillier en celle petite fosse. Adonc fut Alain moult esbahy et de rechief demanda comme ce seroit possible. A quoy respondit le jouvenceau et dist: 'Alain, tu me demandes comme il est possible que je mette ceste grande et inestimable riviere dedens la petite fosse que j'ay faicte. Et je te respons qu'il est autant ou mieulx possible a moy de le faire que a toy de acomplir la chose que tu as commencee, c'est assavoir que tu

---

[24] The translator has omitted, perhaps inadvertently, the statement in the Latin that Alan's learning 'proposuit exponere et in aliquem fructum redigere seu explicare'.

[25] = tournoiant.

[26] The Latin lacks most of the details of Alan's proposed sermon and describes Alan at this stage, 'ipso pergente ad spacium prope quandam ripariam cogitans qualiter opus propositum complere posset'.

Les Paraboles Maistre Alain en Françoys

exposes et desclares que c'est de la saincte Trinité qui mesmes a tous saints est incomprehensible'. Adonc Alain, considerant les dits de l'enfant (et) sceut bien que c'estoit une mission de Dieu[27] qui lui estoit envoyee, signifieant qu'il ne voullist pas entreprendre si grande euvre comme il avoit encommencee. Et de fait par la grant admiration qu'il eut fut si espouanté, que des lors la fantaisie lui commença troubler. Nonobstant, au jour qu'il avoit assigné au peuple il comparut au lieu dit, entra en chayere, et, comme en maniere de sermon, pour son thesme dist seulement: 'Sufficiat vobis vidisse Alanum', c'est a dire: 'Suffise vous d'avoir veu Alain'. Et adonc il partit de Paris comme tout esperdu, ebeté d'entendement et s'en alla en la haulte Bourgongne en une abbaye nommee de Cistiaux, la ou il fut serviteur pasteur de ouailles[28] par l'espace de long temps. Puis par succession, ainsi que Dieu le parmist que les religieux aussi de ladicte abbaye veirent le bon go(n)vernement de lui treshonneste, il fut receu por ung des serviteurs familiers de la maison nommé convers a cause qu'il n'estoit pas droiturierement religieux, mais avoit ung veu seulement, c'est assavoir de obedience.

This anecdote about his sermon on the Trinity is further alluded to in the commentary on IV,10.

There now follows the second anecdote:

Si advint que a Romme fut ung cisme de aucuns heretiques qui voulurent proposer erreur touchant l'union de la saincte Trenité, par quoy le pape qui adoncques estoit manda par toute l'universele chrestienté que les clercs allassent vers lui pour confondre celle heresie. Ainsi le prelat et abbé de ladicte abbaye de Cistiaux, qui ung grant clerc estoit, fut appellé comme les autres, fist ses aprestes

---

[27] This detail is not in the Latin which reports that Alan 'multumque dolens et tristis suam presumptionem sive arrogantiam recognovit'.

[28] Latin 'nomine pastor ovium fuit'.

pour partir lors Alain vint devant lui disant: 'Pere abbé, s'il vous plaist, je vous prie que je voise avecques vous a Romme. Longtemps y a que je ne party ceste maison. Par quoy, si c'estoit vostre plaisir, volentiers avecques vous yroye et bien vous y serviroye au mains pour penser [de] voz chevaulx'.[29] Adonc, l'abbé, voyant que le sens estoit ja aucunement revenu a Alain, consentit que pour ung de ses serviteurs il allast avecques lui. Ainsi, quant ilz vindrent a Romme, là ou fut la congregation des disputateurs faicte en lieu determiné, Alain suivit son maistre jusques au lieu de la porte suppliant que avecques lui le feist entrer, et l'abbé lui respondit qu'il s'en retournast penser des chevaulx et que les huissiers et gardes des portes ne le laisseroient pas entrer dedens le lieu de la convention, car il n'y entroit que les prelas. Adonc Alain, inflammé du Saint Esperit, dist que bien vouloit endurer estre batu por entrer et ouyr les disputations. Pour quoy, ainsi que Dieu le voulut, son maistre en entrant l'absconsa de son manteau et entra sans aucun contredit jusques au lieu ou estoient les heretiques soutenans[30] erreur contre nostre foy catholique. Et tant avoient probablement disputé contre les chrestiens qu'ilz les avoient confondus quant Alain vint devant son maistre, a genoux demandant licence de disputer et disant: 'Jube domine benedicere', laquelle chose lui refusa son pere abbé jusques a la troisieme fois, que le pape, qui estoit assistent[31], voiant la perseverance de Alain, luy donna congié. Adonc Alain en breves paroles commença epilloguer et reduire a memoire toutes les propositions que les heretiques avoient faictes et puis arguer le contraire et le monstrer manifestement, tant que le principal heretique, qui se trouva confondu, commença dire: 'O, tu qui nous as convaincu, il fault que tu soyes Alain ou que tu soyes le diable'. Respondit Alain: 'Je ne suis pas diable, mais Alain'. Lors son maistre abbé voulut deposer

---

[29] Latin 'et bene servam vobis optimeque pensabo de equis'.

[30] MS sonstenans.

[31] = assistant (J).

Les Paraboles Maistre Alain en Françoys

sa cappe et dignité pour lui donner, laquelle chose il refusa, mais seulement obtint par la concession du pape qu'il auroit deux escoliers tant seulement qui soubz lui escriroient tous les livres qu'il feroit et la en fist plusieurs, desquelz le premier fut cestui qui commence *A Phebo Phebe* etc. Aprés par succession de temps il mourut et fut ensevely en la dicte abbaye honnorablement par gens clercs qui bouterent sus sa fosse les mettres ensuivans:

Alanum brevis hora brevi tumulo sepelivit,
Qui duo, qui septem, [qui] totum [scibile scivit],[32]
Scire suum mores dare vel retinere nequivit.

Ceulx sont les mettres qui pour epitaphe furent mis sus la fosse maistre Alain qui valent autant a dire en françois que ceulx cy:

Une breve heure dedans ung bref tumbeau
Ensevelit Alain, lequel conceut
Tous les sept ars et mist en son cerveau
Tout scibile, mais en la fin ne peut
Donner [ou] garder la science qu'il sceut,
Mais touteffois de lui eu nous avons
Plusieurs traictés que bien louer devons.

After these verses on Alan the Latin prologue in the early printed editions concludes with a traditional *accessus*:

Iste liber solet vocari apud literatos De parabolis. Et dicitur parabola a para, quod est iuxta, et bole, sentencia, quasi iuxta sententiam. In principio huius libri tria sunt inquirenda: primo, que et quot sunt cause huius libri; secundo, quis est eius titulus; tertio, cui parti philosophie supponit. Quoad primum sciendum est quod

---

[32] The Latin has 'Qui duo, qui septem, totum sibi subdicit orbem'.

quatuor sunt cause huius libri, scilicet efficiens, materialis, formalis et finalis. Causa efficiens fuit magister Alanus de quo superius dictum est. Causa materialis est bona doctrina et parabolarum sive exemplorum positio ut in ipso continetur. Causa formalis est modus procedendi metricus. Causa finalis est duplex .s. grammaticalis et moralis. Causa finalis grammaticalis est ut, perlecto isto libro, multorum significatorum noticiam ac delectationes [var. declinationes] seu modos significandi habeamus. [var. add. Causa finalis moralis est ut, isto libro perlecto, bonis moribus atque virtutibus adhereamus]. Et titulus presentis operis est 'Incipit liber magistri Alani de parabolis' vel sic secundum alios, 'Incipit Doctrinale magistri Alani de parabolis', vel sic, 'Incipiunt parabole magistri Alani'. Cui parti philosophie supponitur distinguendum est quia vel legitur grammaticaliter tamen et sic supponitur philosophie rationali, vel legitur realiter et causa doctrine et sic supponitur philosophie morali. His visis sciendum est quod iste liber dividitur in sex partes sive capitula secundum quod diversimode proceditur. Primum capitulum procedit per versus binos et incipit in principio et durat usque ad illam partem *luctatur*. Secundum capitulum procedit per versus quaternos et incipit ibi *luctatur* et finitur ibi, *non teneas aurum*. Tercium procedit per versus sexternos et incipit ibi *non teneas aurum* et durat usque ibi *non bene pedibus*. Quartum capitulum procedit per octo versus et incipit ibi *non bene* et durat usque ibi *non sunt digna coli*. Quintum [procedit] per versus denos et incipit ibi *non sunt digna* et durat usque ibi *si quis arare*. Sextum capitulum procedit per duodenos versus et incipit ibi *si quis arare* et durat usque ad finem. Quodlibet autem capitulum dividitur in tot partes quot in eodem sunt parabole, ut patebit legendo.

Some of this material is contained in the prose commentary introducing the first quatrain of text (see below).
Les Paraboles begins with a section of translated text ('Le texte') and the original alongside, that is, with a French quatrain and a Latin distich, but these are preceded by prose commentary.

Les Paraboles Maistre Alain en Françoys

For each section of text I have sought to record the gist of the commentary in the notes. It will be appreciated from the following example, which precedes the first quatrain, that the style is not economical and does not lend itself to reproduction in full:

[A]insi doncques par les dessusdits vers est monstré qu'il n'est si scient en tout le monde qui ne soit subject a la mort et qu'en la fin l'omme ne peut donner a son successeur la science qu'il a ou la retenir plus que Alain qui sceut toute chose scibile, ainsi que par ses euvres bien appert, desquelles est l'une ceste cy qui commence *A Phebo Phebe*, laquelle se intitule 'Le Livres des Paraboles maistre Alain'. Pourtant que la matiere de cestui livre est reduire sens moral a sens parabolique et figuratif. Et y a six chapitres procedans en diverses manieres de metre. Le premier procede par deux lignes metriques ensemble, le second par quatre, le tiers pars six, le quart par huit, le quint par dix, le .vi. par douze. Le premier chapitre qui procede par deux vers commence *A Phebo Phebe* etc., là ou le commentateur dit que l'acteur de cestui livre poursuit son intention disant par similitude que, tout ainsi que la lune prent clarté du soleil, le ignorant doit prendre science du sage. Et ce nous enseigne le poete moral Chaton disant: *Disce sed a doctis indoctos ipse doceto*: Apren et retien la science des sages et enseigne les nonsçavans [*Dist*.IV,23a].

The Lexis of *Les Paraboles*

An overview of the lexical substance of 'le texte' may be gained from the Glossary appended to the present edition.

Of note are *explaner* (Prol.4, cf. *expliquer* Prol.47) [Cotgrave 1611], *se distribuer* (385) [not recorded], *domer* (635) [very few examples, see FEW III,132b], *invallable* (819,825,831) [FEW XIV,133a 1567], *infalliblement* (919) [FEW III,388a no example of the adverb; TLF 10,168a suggests mid-15th C.], *mantique*

(1048) [hap.], *entreprennement* (1146) [v. rare], *caniculle* (1261) [hap.].

It is also worth drawing attention to interesting lexical items contained in the commentary and in particular those which are not in the dictionaries, or are attested in the dictionaries with much later dates, or are only recorded with very few examples. I have tried to indicate which line in the main text has prompted each lexical item, but in some cases the line references mark no more than the beginning of the relevant section of text (consult the nearest note).[33]

ABSCONCER [756]: to hide [FEW XXIV,51a, 13th C.]
ACCIDUEL [133]: arbitrary, adventitious [hapax]
ADMIRATIF [726]: surprising [FEW XXIV,167a, Oresme]
ALIMONIE [814]: nourishment ('les mousches à miel qui vont querir la doulce alimonie sus les fleurs des champs')
ANICHILER [493]: annul [FEW VII,139a, 1315]
ANTIPODES [396]: antipodes [FEW 24,659b, c.1350, 1522-]
APPARENTEMENT [29]: to all appearances, outwardly [Huguet 1,247b, one example from 15th C.].
BAVERIE [806]: chatter [FEW I,194b]
BELLISTRE [551]: beggar, wretch [FEW XV,100a, 1460]
CARENT [806]: lacking (in) [cf. FEW II,i,373a]
CASSEPHATONIQUE [790]: cacophonous [hapax]
CIRCULARITÉ [965]: roundness [FEW II,i,702b 'hap. leg. 16 Jh.']
CLAMATION [513]: shout, cry [cf. Gfry II,144b 'cri, acclamation']
COLLAUDER [101]: to praise [FEW II,ii,1056b, one example & II,ii,896b, 16th C.; Huguet 2,242]

---

[33] References are to the well-known dictionaries of Godefroy, von Wartburg, and Huguet.

COPIEUSETÉ [237]: plenty ('il n'y a copieuseté qui lui puisse donner sacieté a son plaisir') [FEW II,ii,1155b, 16th C. — Cotgrave 1611]
CRAPULEUSEMENT [86]: excessively, gluttonously [FEW II,ii,1275b, 1781)
CRAPULOSITÉ [470]: gluttony [not in FEW II,ii,1275a; Gfry II,357b has one example, from the 1491 ed. of *Orose*]
CYRENES [777]: 'aucuns perilleux passages de mer' [cf. FEW XI,655a]
DEIFIQUE [537]: god-like, divine [Gfry IX,293b (15th C.), Huguet 2,764a]
DELICATIVEMENT [1218]: self-indulgently [hapax]
DIFFAMABLE [286]: shameful (lying, 'qui sus tous autres est diffamable') [Huguet 3,174b]
DISCURSEUR [1393]: itinerant ('au discurseur et vagabund')
DOZE [1032]: dose (of medicine) [FEW III,148b, 15th C.]
ESURIENT [1218]: hungry [hapax; cf. FEW III,247b; Gfry III,665a, 16th C.; Huguet 3,745a]
FACECIE [268]: witty, clever invention / device (anecdote) [FEW III,354b; Gfry IX,590b, 15th C.]
FICTE [636]: illusory ('les fictes apparences du monde') [Huguet 4,96a]
FRAGRANT [117]: fragrant, sweet-smelling [FEW III,747b, 15th C.]
GARRULATION [806]: chatter [hapax]
HOMUNCULE [1065]: puny man [hapax; cf. FEW IV,454b *homonceau* 1530]
INQUIETATION [442]: agitation ('l'inquietation des vens impetueusement agitans la mer') [FEW IV,706a 'vexation', 1334–1560]
INJECTION [1032]: injection [FEW IV,696b, 1380]
INSANIE [944]: folly (the sick man's dismissal of his doctor is 'une insanie tresmauvaise') [FEW IV,708b, 1510]
INSIPIENT [1136]: brute, senseless [FEW IV,717b, 14th C.]

INTENTIONAL [754]: intended ('la fin intentionale de tous les deux') [hapax]
INTERROGATIVEMENT [9,1112]: 'dit interrogativement', 'puts in the form of a question' [FEW IV,762b, no medieval examples]
INVOLUT [9]: wrapped up in [hapax]
IRACUNDIEUX [215,496]: angry [FEW IV,812a, c.1493–1557]
JOUXTER [1690]: to counter
JUDICATURE [345]: ('les hommes ... qui oultre judicature naturelle ont le jugement de raison') [FEW V,58a, 1426]
LACEBRE [507]: hiding-place [FEW V,197b c.1390]
LACTRER [284]: to bark [FEW V,200b, 1380]
LATROCINANTEMENT [751]: in the manner of a robber [hapax]
LEONCULE [1068]: small or young lion [hapax]
LIBURNE [592]: light sailing-vessel, ship (Lat. liburna) [hapax; cf. Huguet 5,10b *liburnicque*]
LIPIDE [956]: bleary [FEW V,370b]
LOQUACE [21]: talkative [FEW V,422b, 1764 Voltaire]
MONOTALINE (for MONOTALME) [611]: one-eyed [FEW VI,iii,81a, 1596]
MORDAX [870]: inclined to bite ('ung chien furieux et mordax') [cf. FEW VI,iii,125b *mordache* 1560]
NAUSEATION [1224]: feeling of nausea [hapax]
NEQUICIEUX [754]: wicked [hapax; cf. *nequice* in Huguet 5,418b]
NONFOYABLE [924]: unreliable, untrustworthy
NOVERCQUE [315]: step-mother, etymologized as 'nouvelle arche' or 'contraignante nouvelles choses' [FEW VII,209a, 1498]
NUBIL(L)OSITÉ [74]: cloudiness [FEW VII,223a, 1546]
OBLIQUITÉ [1672]: twisting [cf. FEW VII,270b]
ORATURE [783]: speech, eloquence [Gfry V,613a 16th C.; Huguet 5,530a]
PERHIBER [1208]: to attribute, bestow, ascribe [cf. FEW VII,241a, 1534]

Les Paraboles Maistre Alain en Françoys

PERMUTATION [1609]: 'permutations de benefices' [See Gfry V,781b sub *parmuer*; FEW VIII,252b, 1474]
PESTILENCIEUSEMENT [216]: grievously ('pestilencieusement inquieté') [cf. FEW VIII,310a 'dans la débauche', c.1510; Huguet 5,750a]
POLLUT [9]: filth [hapax]
PREMINENCE [173,384;1710]: salient feature, exceptional quality, advantage [FEW IX,292b, 1376]
PRINCIPIER [1564]: commence [FEW IX,393b]
PROPERER [249]: hasten [FEW IX,451b, one ex.; Huguet 6,218b, one ex.]
RELUCENCE [162]: light [Huguet 6,467b]
REPELLER [905]: repel [FEW X,265a]
REPULSER [846]: repulse [Huguet 6,523b 16th C.]
RIGMATURE [331]: rhyming ('rhetoriciens et gens usans de rigmatures') [hapax]
SATURITÉ [60]: satiety [FEW XI,251b, 13th C.]
SIMILITUDINAIREMENT [1166]: by means of a comparison [hapax]
SODAL [25,1396]: companion [FEW XII,22a, 1294 & 1474–1530; Huguet 7,13b]
SUBICIBLE [199,493]: amenable; parents should correct their children 'tant qu'ilz sont encore jeunes et subicibles a la verge'; the blacksmith wants to render the iron soft 'et le faire subicible au marteau' [hapax]
SUPPERER [324]: to overcome [FEW XII,436b]
SUPPORTATIF [275]: supportive, supporting [FEW IX,219b, Desch. 'qu'on peut supporter, endurer']
SUSPECT [29]: of ill repute [FEW XII,470b 'seit Froiss.']
SYMONIACLE [1609]: simoniacal [FEW XI,634a, 1549]
TEMPERATION [538]: calm, moderation [FEW XIII,175b, c.1380 & c.1393; Gfry VII,663c & Huguet 7,202c]
TONSEUR [41]: (sheep-)shearer [FEW XIII,ii,32b, 1596]
UNCTUOSITÉ [1390]: slipperiness (through being oiled: 'l'unctuosité de la main') [FEW XIV,36b, 14th C.]

VAC(C)ATION [462,862]: occupation (to apply oneself 'en estude ou en autre vaccation') [FEW XIV,95b, c.1390]
VENIEL [37]: venial (of sin) [FEW XIV,239b, 1370]
VEPRECULE [890]: little thorn [hapax]
VIATEUR [25]: traveller [Huguet 7,463ab]
VIGILATIF [65]: vigilant [hapax]
VIGILATION [780]: vigilance, attention [hapax]
VIGILATIVEMENT [780]: vigilantly, attentively [hapax]

The Versification of *Les Paraboles*

The variety of metres and rhyme schemes can best be recognized from the following summary. The main divisions I call Books to distinguish them from the Latin source for which I retain Chapters.

Prologue

1–25   free verse
26–57   four huitains of octosyllables – rhyme scheme abbaacac — ababbcbc — ababbcbc — ababbcbc.

Book I

1–8   two quatrains of decasyllables — rhyme scheme abaa.
9–12   a quatrain of octosyllables — rhyme scheme abaa.
13–60   twelve quatrains of decasyllables — rhyme scheme abaa.
61-148   two quatrains of decasyllables per distich — rhyme scheme abaa abab, in which lines 1–2 recur as 7–8 and line 1 is repeated as line 4. From 1.69 to 1.140 the first line of the Latin distich is treated in the second quatrain (141–8 are an exception).
149–56   two quatrains of octosyllables covering one distich — rhyme scheme abaa abab in which lines 1–2 recur

Les Paraboles Maistre Alain en Françoys

as 7–8 and line 1 is repeated as line 4. The first line of the distich is treated in the second quatrain.

157–204 two quatrains of decasyllables — rhyme scheme abaa abab, lines 1–2 recurring as lines 7–8 and line 1 repeated as line 4. In I,28 and I,29 the first line of the distich is treated in the second of the two quatrains. In I,33 both distichs are treated in the first quatrain.

205–12 two quatrains of octosyllables — rhyme scheme abaa abab in which lines 1–2 recur as lines 7–8 and line 1 is repeated as line 4.

213–20 two quatrains of decasyllables — rhyme scheme abaa abab in which lines 1–2 recur as lines 7–8 and line 1 is repeated as line 4. The first line of the distich is treated in the second quatrain.

221–36 two quatrains of octosyllables per distich — rhyme scheme abaa abab in which lines 1–2 recur as lines 7–8 and line 1 is also repeated as line 4.

237–60 two quatrains of decasyllables per distich — rhyme scheme abaa abab in which lines 1–2 recur as lines 7–8 and line 1 is repeated as line 4. The first line of the distich is treated in the first quatrain.

261–337 eleven septains of decasyllables — rhyme scheme ababbcc — in which the Latin distich is treated in four lines, the moral extracted is usually given in the last three lines (four lines in I,50). I,51 bears almost no relation to the Latin original.

338–51 two septains of octosyllables — rhyme scheme ababbcc — on the above pattern.

352–65 two septains of decasyllables — rhyme scheme ababbcc — on the above pattern.

366–72 a septain of octosyllables — rhyme scheme ababbcc. No moral interpretation is added to the distich.

Book II

373–83   an onzain of octosyllables — rhyme scheme abbbccddcdc (I have resisted adding a line since the sense is complete as the text stands).

384–95   a douzain of octosyllables – rhyme scheme ababbccaadad.

396–419   two douzains of decasyllables — rhyme scheme ababbccddede.

420-23   a quatrain of decasyllables — rhyme scheme abab.

424–30   a septain of decasyllables — rhyme scheme ababbcc.

431–46   two huitains of decasyllables — rhyme scheme ababbcbc.

447–54   a huitain of octosyllables — rhyme scheme ababbcbc.

455–62   a huitain of decasyllables — rhyme scheme ababbcbc.

463–70   two quatrains (II,11) of octosyllables — rhyme scheme abaa abab, in which lines 1–2 recur as lines 7–8 and line 1 is repeated as line 4 (as in Book I).

471–78   a huitain of octosyllables — rhyme sheme ababbcbc.

479–86   a huitain of octosyllables — rhyme scheme abababab.

487–92   a sizain of decasyllables — rhyme scheme aabaab.

493–504   a douzain of octosyllables — rhyme scheme ababbcbccdcd.

505–16   a douzain of decasyllables — rhyme scheme ababbccddede.

517–26   a dizain of decasyllables — rhyme scheme ababbccdcd.

527–34   a huitain of decasyllables — rhyme scheme ababbcbc.
535–46   a douzain of octosyllables — rhyme scheme abbaaccddcdc.
547–51   a cinquain of octosyllables — rhyme scheme aabba, repeated as lines 563–7; 547–9 recur in 555–7.
552–57   a sizain of octosyllables — rhyme scheme aabaab.
558–62   a cinquain of octosyllables — rhyme scheme aabba.
563–67   = 547–51 above.
568–79   a douzain of decasyllables — rhyme scheme ababbccddede.
580-91   a douzain of octosyllables — rhyme scheme abbaaccddede.
592–99   a huitain of decasyllables — rhyme scheme ababbcbc.
600-35   three douzains of octosyllables — rhyme scheme ababbccddede.

Book III

636–47   a douzain of octosyllables — rhyme scheme ababbccddede.
648–55   a huitain of octosyllables — rhyme scheme abbaabab in which lines 1–2 are repeated as lines 7–8.
656–63   a huitain of octosyllables — rhyme scheme abbaabba in which lines 1–4 of the preceding stanza are repeated as lines 5–8.
664–75   a douzain of decasyllables — rhyme scheme aabaabbccdcd.
676–83   a huitain of octosyllables — rhyme scheme abbaabab in which lines 1–2 are repeated as lines 7–8.

684–91   a huitain of octosyllables — rhyme scheme abbaabba in which lines 5–8 are repeated from lines 1–4 of the preceding stanza.
692–703   a douzain of octosyllables — rhyme scheme ababbccddede.
704–11   a huitain of octosyllables — rhyme scheme abbaabab in which lines 1–2 are repeated as lines 7–8.
712–19   a huitain of octosyllables — rhyme scheme abbaabba in which lines 5–8 are repeated from lines 1–4 of the preceding stanza.
720-31   a douzain of octosyllables — rhyme scheme ababbccddede.
732–39   a huitain of octosyllables — rhyme scheme abbaabab in which lines 1–2 are repeated as lines 7–8.
740-47   a huitain of octosyllables — rhyme scheme abbaabba in which lines 5–8 are repeated from lines 1–4 of the preceding stanza.
748–59   a douzain of octosyllables — rhyme scheme ababbccddede.
760-67   a huitain of octosyllables — rhyme scheme abbaabab in which lines 1–2 recur as lines 7–8.
768–75   a huitain of octosyllables — rhyme scheme abbaabba in which lines 5–8 are repeated from lines 1–4 of the preceding stanza.
776–82   a septain of octosyllables — rhyme scheme ababbcc.
783–89   a septain of octosyllables — rhyme scheme aabbcbc.
790-797   a huitain of octosyllables — rhyme scheme abbaabab in which lines 1–2 are repeated as lines 7–8.
798–805   a huitain of octosyllables — rhyme scheme abbaabba in which lines 5–8 are repeated from lines 1–4 of the preceding stanza.
806–17   a douzain of octosyllables — rhyme scheme ababbccddede.

Les Paraboles Maistre Alain en Françoys

818–25   a huitain of octosyllables — rhyme scheme abbaabab in which lines 1–2 recur as lines 7–8 (cf. 760-67).

826–33   a huitain of octosyllables — rhyme scheme abbaabba in which lines 5–6 are repeated from lines 1–2 and 7–8 of the preceding stanza.

834–45   a douzain of octosyllables — rhyme scheme ababbccddede.

846–53   a huitain of octosyllables — rhyme scheme abbaabab in which lines 1–2 are repeated as lines 7–8.

854–61   a huitain of octosyllables — rhyme scheme abbaabba in which lines 5–6 are repeated from lines 1–4 of the preceding stanza.

862–73   a douzain of octosyllables — rhyme scheme ababbccddede.

874–81   a huitain of octosyllables — rhyme scheme abbaabab in which lines 1–2 are repeated as lines 7–8.

882–89   a huitain of octosyllables — rhyme scheme abbaabba in which lines 5–8 are repeated from lines 1–4 of the preceding stanza.

890-901   a douzain of octosyllables — rhyme scheme ababbccddede.

902–09   a huitain of octosyllables — rhyme scheme abbaabab in which lines 1–2 are repeated as lines 7–8.

910-17   a huitain of octosyllables — rhyme scheme abbaabba in which lines 5–8 are repeated from lines 1–4 of the preceding stanza.

918–27   a dizain of octosyllables — rhyme scheme ababbccdcd.

928–35   a huitain of octosyllables — rhyme scheme abbaabab in which lines 1–2 are repeated as lines 7–8.

936–43   a huitain of octosyllables — rhyme scheme abbaabba in which lines 5–8 are repeated from lines 1–4 of the preceding stanza.

944–55   a douzain of octosyllables — rhyme scheme ababbccddede.

956–963   two quatrains of octosyllables — rhyme scheme abaa abab in which lines 1–2 are repeated in lines 7–8 and, additionally, line 1 recurs as line 4.

964–75   a douzain of octosyllables — rhyme scheme ababbccddede.

976–983   a huitain of decasyllables — rhyme scheme abbaabab in which lines 1–2 are repeated as lines 7–8.

984–991   a huitain of decasyllables — rhyme scheme abbaabba in which lines 5–8 are repeated from lines 1–4 of the preceding stanza.

992–1003   a douzain of octosyllables — rhyme scheme ababbccddede.

1004–011   a huitain of octosyllables — rhyme scheme abbaabab in which lines 1–2 are repeated as lines 7–8.

1012–19   a huitain of octosyllabes — rhyme scheme abbaabba, employing the same rhymes as the preceding stanza and in which lines 5–8 are repeated from lines 1–4 of that stanza.

1020-31   a douzain of octosyllables — rhyme scheme ababbccddede.

1032–39   a huitain of octosyllables — rhyme scheme abbaabab in which lines 1–2 are repeated as lines 7–8.

1040-47   a huitain of octosyllables — rhyme scheme abbaabba in which lines 5–8 are repeated from lines 1–4 of the preceding stanza.

1048–59   a douzain of octosyllables — rhyme scheme ababbccddede.

1060-67   two quatrains of octosyllables — rhyme scheme abaa abab in which lines 1–2 are repeated as lines 7–8 and line 1 as line 4.

1068–79   a douzain of octosyllables — rhyme scheme ababbccddede.

1080-87   a huitain of octosyllables — rhyme scheme abbaabab in which lines 1–2 are repeated as lines 7–8.

1088–95   a huitain of octosyllables — rhyme scheme abbaabba in which lines 5–8 are repeated from lines 1–4 of the preceding stanza.

Book IV

1096–35 five huitains of octosyllables — rhyme scheme ababbcbc.

1136–43   a huitain of octosyllables — rhyme scheme abbaabab in which lines 1–2 are repeated as lines 7–8.

1144–51   a huitain of octosyllables — rhyme scheme abbaabba in which lines 5–8 are repeated from lines 1–4 of the preceding stanza.

1152–65   two septains of octosyllables — rhyme scheme ababbcc.

1166–73   a huitain of octosyllables — rhyme scheme ababbcbc.

1174–85   a douzain of octosyllables — rhyme scheme abbaaccddede.

1186–97   a douzain of octosyllables — rhyme scheme ababbccddede.

1198–1205   a huitain of octosyllables — rhyme scheme ababbcbc.

1206–17   a douzain of octosyllables — rhyme scheme ababbccddede.

1218–27   a dizain of octosyllables — rhyme scheme aabaabbcbc

1228–47   a twenty-line stanza of octosyllables — rhyme scheme ababbcbccdcddedeeded.

1248–55   a huitain of octosyllables — rhyme scheme ababbcbc.

1256–95 five huitains of octosyllables — rhyme scheme ababbcbc.

1296–1315 two dizains of octosyllables — rhyme scheme ababbccdcd.

1316–25　　a dizain of octosyllables — rhyme scheme aabaabbbbb.
1326–37　　a douzain of octosyllables — rhyme scheme aabaabbbcbbc.
1338–49　　a douzain of octosyllables — rhyme scheme ababbccddede.
1350-61　　a douzain of octosyllables — rhyme scheme aabaabbbcbbc.
1362–69　　a huitain of octosyllables — rhyme scheme abababab.
1370-85　　two huitains of octosyllables — rhyme scheme ababbcbc.
1386–92　　a septain of octosyllables — rhyme scheme aabbccb.
1393–1416　three huitains of octosyllables — rhyme scheme ababbcbc.
1417–23　　a septain of octosyllables — rhyme scheme ababbcc.
1424–31　　a huitain of octosyllables — rhyme scheme ababbcbc.
1432–38　　a septain of octosyllables — rhyme scheme ababbcc.

Book V

1439–70　　four huitains of octosyllables — rhyme scheme ababbcbc, each stanza ending with the same line.
1471–74　　a quatrain of octosyllables — rhyme scheme abab in which the last line repeats the last line of the preceding four huitains.
1475–79　　a cinquain of octosyllables — rhyme scheme aabaa.
1480-84　　a cinquain of octosyllables — rhyme scheme aabab.
1485–1502　two neuvains of octosyllables — rhyme scheme abaabbcbc.

Les Paraboles Maistre Alain en Françoys

1503–13   an onzain of octosyllables — rhyme scheme abaabbaacac.
1514–21   a huitain of octosyllables — rhyme scheme ababbcbc.
1522–28   a septain of octosyllables — rhyme scheme ababbcc.
1529–35   a septain of octosyllables — rhyme scheme ababbaa.
1536–43   a huitain of octosyllables — rhyme scheme ababbcbc.
1544–51   four couplets of octosyllables.
1552–55   a quatrain of octosyllables — rhyme scheme abab.
1556–57   a couplet of octosyllables.
1558–69   three quatrains of octosyllables — rhyme scheme abba.
1570-73   a quatrain of octosyllables — rhyme scheme abab.
1574–77   a quatrain of octosyllables — rhyme scheme abba.
1578–85   a huitain of octosyllables — rhyme scheme ababbcbc.
1586–92   a septain of octosyllables — rhyme scheme ababbcc.
1593–96   two couplets of octosyllables.
1597–1600 a quatrain of octosyllables — rhyme scheme abab.
1601–08   two quatrains of octosyllables — rhyme scheme abba.
1609–14   a sizain of octosyllables — rhyme scheme abbaba.
1615–21   a septain of octosyllables — rhyme scheme ababbcc.
1622–29   a huitain of octosyllables — rhyme scheme ababbcbc.

Book VI

1630-45   two huitains of octosyllables — rhyme scheme ababbcbc.

1646–59   two septains of octosyllables — rhyme scheme ababbcc.

1660-63   a quatrain of octosyllables — rhyme scheme abab.

1664–79   two huitains of octosyllables — rhyme scheme ababbcbc.

1680-1709   three dizains of octosyllables — rhyme scheme ababbccdcd.

1710-19   a dizain of octosyllables — rhyme scheme abbaaccdcd.

1720-43   three huitains of decasyllables — rhyme scheme ababbcbc all with the same rhymes and the same concluding line.

1744–47   a quatrain of decasyllables — rhyme scheme abab.

The conclusions that may be derived from this table are as follows. In the *Paraboles*, with the exception of Books IV and V, where there are no decasyllables, there is frequent alternation of octosyllabic and decasyllabic metres, of which the favoured is the octosyllable. There is no evidence of the procedure, beloved of many fifteenth-century writers, of matching the number of lines in the stanza to the number of syllables in the line and there are no heterometric stanzas (with the exception of lines 1–25 of the prologue). The stanzas range in length from 2 (7) to 20 lines (1) and includes quatrains (82), cinquains (5), sizains (3), septains (31), huitains (73), neuvains (2), dizains (10), onzains (2), douzains (33), yielding a total of 249 stanzas in the complete work, all of them isometric, and exploiting only two types of metre. The translator's real virtuosity is reserved for the rhyme schemes. In descending order of frequency they are as follows:

Les Paraboles Maistre Alain en Françoys

Huitain ababbcbc (41) — concentrated in Books IV and VI

Pairs of quatrains abaa abab in which line 1 is repeated as line 4 and lines 1–2 as lines 7–8 (25 consecutive pairs up to 1.260, and a further pair at 1.463, 1.956, and at 1.1060; 56 quatrains in all)

Septain ababbcc (27) — particularly sustained use towards the end of Book 1

Douzain ababbccddede (24) — heavily used in Books II-IV

Paired huitains abbaabab abbaabba in which lines 1–4 of the first stanza are repeated as lines 7–8 of the second and lines 1–2 of the first stanza are repeated as lines 7–8 of that stanza (15 pairs) — the core of book III, where the paired huitains are alternated with a douzain, dizain or septain in a consistent pattern

Quatrain abaa (15) confined to the opening of Book I.

Dizain ababbccded (7)

Quatrain abab (7)

Couplet ab (7)

Quatrain abba (6)

Cinquain aabba (3)

Douzain aabaabbbcbbc (2)

Douzain abbaaccddede (2)

Neuvain abaabbcbc (2)

Huitain abababab (2)

Sizain aabaab (2)

20-line stanza aba/bb/cb/cc/dc/dd/ed/ee/ded (1)

Douzain abbaaccddcdc (1)

Douzain ababbcbccdcd (1)
Douzain ababbccaadad (1)
Douzain aabaabbccdcd (1)
Onzain abbbccddcdc (1)
Onzain abaabbaacac (1)
Dizain aabaabbcbc (1)
Dizain aabaabbbbb (1)
Dizain abbaaccdcd (1)
Septain aabbcbc (1)
Septain aabbccb (1)
Septain ababbaa (1)
Sizain abbaba (1)
Cinquain aabaa (1)
Cinquain aabab (1)

Total number of stanzas: 249; number of different rhyme schemes: 32.

In Naetebus's study of non-lyric stanzas[34] (after Tobler's definition 'les formes strophiques dans lesquelles les vers qui se correspondent par leur place, tout en présentant le même mètre, diffèrent par le sexe de leur rime') we find 84 types of non-lyric stanza, the commonest of which is the monorhyme quatrain of Alexandrines, followed by the douzain of octosyllabes, the sizain of octosyllables aabaab (only one example in the *Paraboles*, twenty in Naetebus, appears in mid-13th C.), the huitain of

---

[34] G. Naetebus, *Die nicht-lyrischen Strophenformen des Altfranzösischen* (Leipzig, 1891).

decasyllables abababab (no examples in the *Paraboles*, fifteen in Naetebus). Detailed study reveals that there are remarkably few rhyme schemes shared by Naetebus's corpus of texts and the *Paraboles*. For example, the septain of octosyllables ababbcc is common in the *Paraboles*, but Naetebus LXXIX records only one example. Naetebus LXXIII, the huitain of octosyllables abababb (15 examples), is represented in the *Paraboles* by a mere 2 examples, conversely Naetebus LXXVIII, the huitain of octosyllables ababbcbc, is the most popular form (41 examples) in the *Paraboles*, but there is only one example in Naetebus. This form is treated in the *Art et Science de Seconde Rhétorique*.[35] The two neuvains of octosyllables abaabbcbc share the rhyme scheme with another 'reigle' in the same treatise.[36] Of the septain of decasyllables ababbcc, there is a single example in the *Paraboles* and Naetebus. There seems little doubt that the translator of the *Paraboles* determinedly strove for originality and variety in his rhyme schemes. Nowhere is this clearer than in Bk II, whereas in Bk I there are large blocks of identical versification.

Caesura

In the decasyllables use is made of the lyric caesura as follows:

---

[35] E. Langlois (ed.), *Recueil d'arts de seconde rhétorique* (Paris, 1902), p.273 '12. Autre reigle', 'Autre taille, qui est de vers huytains, autrement appelez françoys, pour ce qu'elle est assez commune en plusieurs livres et traictez, come en la Belle dame sans mercy, le Champion des dames et autres' (see also Jean Molinet, *ibid.*, p.220).

[36] *ed. cit.*, p.275 ('16. Autre Reigle') where the lines are decasyllables.

Book I

41,46,49,52,58,70(76),101(108),117(120,123),141(144,147), 146,157(160,163),165(168,171),183,190(196),215,271,284,2 9,359 = 19 (excluding the bracketed repeats) out of a total of 291 lines = 6.52%

Book II

97,404,406,415,427,429,433,436,437,446,462,487,490,512, 515, 529 = 16 out of a total of 115 lines = 13.91%

Book III

664,674,980 = 3 out of a total of only 28 lines = 10.7%

Book IV

none (there are no decasyllables)

Book V

none (there are no decasyllables)

Book VI

1724,1727(1735,1743,1747) = 2 out of 28 lines = 7.14%.
There is an example of the epic caesura in 331.

Metre

Our knowledge of the metrical practices of late-medieval writers is precarious, for the generally accepted view that they were latitudinarian and much influenced by contemporary pronunciation habits has not really been tested on thorough, critical editions. Vérard's text is certainly not free from errors and in editing it I have applied the traditional rules of French versification and restored metrical regularity where this could be done by using minor therapeutic devices. In this process I have been guided by my belief that editors should provide the maximum assistance to readers of verse texts to enable them to read aloud. Ample, and, it may sometimes seem, not always consistent, use has therefore been made of the *tréma* to advance this aim.

As the text stands there are some 31 hypermetric lines, but this number can be greatly reduced by fairly simple expedients. In the Prologue lines 27 and 43 may be made regular by one of two operations: by removing the personal pronouns in 'je voys' and 'je mens' or by assuming that *-e* is not pronounced following the tonic vowel in 'die' (as also in 'vie' in 376).[37] The latter is the course I have followed. In 62 (and 68) 'et' may be omitted. In 42 'mais' should be removed. In 106 'eaues' should be replaced with 'eaux'. In 290 'fumee' may be replaced by 'fumé'. In 319 correction to 'qu'avoient', and in 320 to 'doubtoit', is clearly required. In 331 'le' may be omitted. In 507 the syllable count becomes regular if the 3rd pers. pl. pres. ind. verb ending in *-ent* is regarded as not pronounced after the tonic syllable and before a consonant, but this will not work in 130, 508 and 509 (read 'Car s'estoient' ?). In 580 one might substitute 'neif'/'noif' for 'naige', though this may seem rather risky in a comparatively late text. In 692 substitute 'eaux' (see 693) for 'eaues' (cf.106), and in 1152 'L'eau' for 'L'eaue'. In 788 'rovegnier' should be replaced by 'rogner' (= Janot). In 810 either read 'd'eschais' or 'Alphin'. In 1012 the dittography of 'termes' needs to be cleared and in 1015 initial 'A' should be removed. In 1020 and 1022 I have preferred to indicate graphically the pronunciation by reducing 'deuement' to 'deument' and 'modereement' to 'moderément' even though the replaced forms might have been allowed to stand. In 1201 'point' should be removed as a dittography (see the line above). In 1325 'la' is superfluous ('moien traicter / et façon'). In 1346 'avec' should be substituted for 'avecques'. In 1355 elision of 'qui est' has to be assumed. Line 1378 requires reduction of 'pluyes par vent' to 'pluye

---

[37] See G. Lote, *Histoire du vers français* t.III,1,iii (Paris, 1955), p.101.

ou vent'. In 1453 the dittography of 'il' should be cleared. In 1472 'grant' may be substituted for 'grande'. In 1558 the 'e' following the tonic syllable of 'Troie' evidently does not count. In 1593 'mille' may be replaced by 'mil'. In 1725 'adonc' should be replaced by 'donc'. Whilst these therapeutic devices may be opposed in favour of allowing greater latitude to late-fifteenth-century poets, it may at least be said in their defence that they involve very minor alterations to the text.

There are also 21 hypometric lines, which can readily be reduced to a small number of cases which resist any obvious therapeutic (755,846,883). Line 53 may be regularised by substituting 'eaue' for 'eau'. Line 249 could be standardized by the addition of an adverbial intensifier such as 'bien' before 'propere'. Line 431 may be regularized by inserting the relative 'qui' after 'cheval' and, optionally, reading 'succombé' in 432, or alternatively inserting 'si' after 'trop'. There is no obvious remedy for 755 ('Que celui qui se doctrine') and 'Souvent la petite pierre' (846,852,858), and to preserve hiatus in 'veoir' in 851 seems inappropriate in a text this late ('cheoir' is monosyllabic in 247 and 1184). Line 883 seems irremediably hypometric, unless we read 'tïeux', but 'tieulx' is monosyllabic in 1252. Hiatus alone (read 'receuë') will save 1153, and 1299 and 1300 both require small additions to achieve metrical regularity. In 1473 the fut. 'recouvra' needs to be changed to 'recouvrera'. Lines 1481, 1484 and 1534 can be made good by simple additions and 1483 by the substitution of 'grande' for 'grant'. Line 1603 is regular with hiatus assumed in 'esjoÿt' and restored in 'mais qu[ë] il'. Line 1611 is problematic. In 1613 the verb form needs to be emended to the plural. I have added 'telle' in 1634 to restore the metre. Line 1673 is hypometric. The 5e + 4 division in 213 (216,219) requires emendation.

Diaeresis and Synaeresis

As Lote[38] points out, both these tendencies are much in evidence in medieval verse, though in a late-medieval poem such as the present text the second tendency is the stronger. Nevertheless the *-ion* ending (usually in words of learned origin) is disyllabic and I have marked it as such. Examples of disyllabic *i-e* being maintained according to the regular rules (i.e. the existence of separate vowels in the Latin etymon) are 'scïence', 'sapïence', 'insipïent', 'orïent'; of *i-eu* 'envïeux'. 'avarïcieux', 'glorïeux', 'precïeux', 'ingenïeux', 'studïeux', 'audacïeux', and for *i-a*, *i-o* there is 'amïable', 'varïable', 'signifïable', 'especïal', 'frïande', 'vïande', 'marïage', 'signifïant', 'vïolence',[39] and *u-e* in 'mansuëtude'. On the other hand, I have felt it unnecessary to use the *tréma* for *u-eu* — 'vertueux', 'impetueux'.

The diphthong in 'veoir' and 'cheoir' has mostly been levelled. In 389 'ouäillier' is trisyllabic and in 1500 'traison' is disyllabic. In 656 'aloes' is disyllabic. The vowel *-e-* is not syllabic in the learned form 'esperit' (379,382).

So far as elision and hiatus are concerned, the following cases may be noted. Examples of non-elision are found in lines 3 ('scïencë aucune'), 7 ('unë estincelle'), 271 ('pluyë est'), 336 ('në en'), 980 ('desirë avoir'), 984 ('sachë aucun'), 1603 (emendation 'qu[ë] il'), 1288 ('Licitë a'), 1468 ('conseillë et'), 1580 ('richë en'), 1591 ('notoirë et'), and 1674 ('në ouÿr).

Elision is prevented by the *h* aspiré: 'feuille hors' (141), 'de hayne' (933). Elision of the conditional conjunction *si* is indicated graphically in lines 89,899,1461,1539, and 1543 and is required, though not indicated, with the form *se* in lines 194,892, and 1408.

---

[38] *Histoire du vers français* III, pt.1, vi, pp.115–33.

[39] Cf. Lote, *op. cit.*, pp.123ff.

Standard elisions, where not indicated graphically by the copyist, have been left unmarked e.g. 'qui en' in line 1548.

Hiatus is not maintained in 'armeure' (82), 'eussent' (1770), 'paour' (247), 'cheoir' (247, 1184), 'deu' (300), 'deu' (391), 'seur' (420), 'maleureté' (714), 'deument' (1020), 'repeuz' (1247), 'deue' (1287), 'peu' (1345), 'incongneu' (1436), 'indeue' (1501), 'creu' (1519) where, in an older text, the graphies might suggest that it was maintained.

Enjambement

This is very frequent. I here record approximate figures (not counting more than once those instances of enjambement which occur in lines which are repeated) relating to the sort of strong enjambement which arises from the need for grammatical completion of the syntax of a line, which practically speaking means line ends where any sort of punctutaion is impossible. The Prologue alone contains 16 instances. There are approximately 32 in Bk I (372 lines; 8.6%); 52 in Bk II (262 lines; 19.8%); 87 in Bk III (431 lines; 20.1%); 81 in Bk IV (342 lines; 23.6%); 48 in Bk V (190 lines; 25.2%); 30 in Bk VI (117 lines; 25.6%) — a gradually ascending rate.

Rhyme

The translator's rhymes are for the most part unadventurous, with the usual preponderance of easy rhymes in -é, -ent etc. Special categories are:

équivoques: mains (< manus), mains (< minus) and plains (< plenus) rhyme 1530/32/3; chault (n. & vb) 6/8; menace : menasse 320/21; fiere : fiere 375/76; songe : songe 447/49; fin : fin 1183/85.

'*dérivatives*': lieve : relieve 9/11; prent : mesprent : entreprent 149/51/53; mis : remis 190/94; deffermer : refermer : affermer 221/23/25; vient : convient 352/54; entreprendre : mespendre : reprendre 403/04/06; partie : departie 583/84 & 1675/76; saillir :

assaillir 617/18; s'ahurter : hurter 839/40; survient : vient : convient 841/42/44; combatre : batre 951/52; despriser : priser 1171/73; delivrer : livrer 1303/045; rachatee / achatee 1307/09.
identique : demeure : demeure 262/64.

Arrangement of Material in *Les Paraboles*

The stanza structure in the *Parabolae* is naturally based on the simile or comparison. In the French translation structural comparison, as distinct from the incidental similes already in the source, is regularly introduced by set phrases. Of the first 15 quatrains of Bk 1, ten articulate the comparison (within the two lines of the Latin distich) by the explicit *pareillement / semblablement* and two by *aussi* and one by *tout ainsi*. The rest of Bk I, counting repeated lines, provides 8 cases of *Pareillement / semblablement*, 1 of *ainsi*, 2 of *aussi*, 12 of *comme*, 6 of *(tout) ainsi que*, 6 of *(tout) en ce point*, and 1 of *c'est tout semblable*. The distribution of these formulas in the other books highlights certain differences:

Book II: pareillement / semblablement 13; ainsi (que) 2; aussi est 1; par cas semblable 1; comme 1
Book III: pareillement / semblablement 8; comme 3; aussi 1; semblable 1
Book IV: pareillement 3; ainsi 2; en cas pareil 1; aussi 1; semblable 1
Book V: aussi 2; pareillement 1; tel est 1; pareil 1
Book VI: pareillement 4; en cas pareil 1; ainsi est il 1; aussi 1

In lines 69–140, 149–72, 213–20 and 229–36 (paired quatrains) the first line of each Latin distich is treated in the second quatrain (with the exception of lines 141–8). Elsewhere the translation follows closely the order of the material in the source. In Book I, although some distichs are dealt with in a single stanza e.g. I,1-15 (quatrain) and I,40-56 (septain), many are rendered in paired quatrains e.g. I,16–41 (excepting I,40). The order of I,19–20, 31–2, and 40-1 is reversed in the French.

In Book II there is a stanza-for-stanza correspondence except for II,11 which is rendered in a pair of quatrains and II,20 which is dealt with in four stanzas (three cinquains and a sixain). In Book III the six-line stanzas of the original are each dealt with in multiple stanzas, predominantly three, of variable length (predominantly running to a total of 28 lines; the treatment of III,6 extends to 30 lines). In Book IV the stanza-length in the source expands to 8 lines, yet IV,4 and IV,5 are rendered in a single stanza each. The longest treatment extends to 46 lines (IV,12). In Book V most of the 10-line stanzas of the original are treated in multiple stanzas, but a single stanza only is devoted to V,9 and to V,10. For the first time use is made of the rhyming couplet (V,4,5 & 7). The longest treatment (46 lines) is given to V,1. In Book VI the ten Latin stanzas have 12 lines. They are given notably briefer treatment in the French, five of them being rendered in no more than a single stanza each. The maximum treatment (28 lines in 4 stanzas) is given to VI,10, and VI,5 is entirely omitted (probably on account of its impenetrability). The translator appears to have been anxious to complete his task and condenses his source in a way in which he had not done before.

The Language of *Les Paraboles*

A relatively brief treatment is all that is required for what is not linguistically an exceptional text and which consequently is difficult to localize and date. The prologue makes it clear that it was written for Charles VIII and it would be fair to put its production in the 1490s. It is written in standard northern French with light traces of features characteristically Picard, as the notes below suggest. The letter J indicates the text of Janot.

Les Paraboles Maistre Alain en Françoys

Orthography

We find the usual range of etymological letters, e.g. traicteray, maistre, practique, saincte, soubz, adjournement, esté, dessoubz, achaptee, sçavoir, scet, doubtance, parfaicte, couste, soubdain, saincts, poictrine, desjoinct, bienfaicteur, tractable, poincte, effect, appoinctemens, mesme, assault, complecte, delict, souefves, pugnir (J). Particularly common is the retention of l after vocalisation: haulte, treshault, ceulx, vouldront, chault, peult, vieulx (but cf. vieilz 189), veulx, ceulx, couldre, toult, faulx, principaulx, doulcité, loyaulté, vaulx.

The following specific features are not infrequent:

ai = e: eschais 810.
ain / ein: souveraines : mondaines : paines 1654/56/57; vainne : paine : pleine 971/72/74.
c = s: c'est entremis 939.
g = ge: forgant : dommagant (493/5); nagoit : mengoit : rongoit 1503/05/06.
ou = au: 658, 1141 etc.
s = c/ç: persé 261, garson 165, garsonneaux 558, se 1043.
-s = -ts: commens, elemens, entendemens, petis, debas, malfaisans, desplaisans, gesans, enfans, mors, desers. Note latz 1177.
ss = c: menasse 321 (menace 320 !), menassé 323, trasse 751, enchasse 752.
preserves s before t: esté, prestrise, teste, preste, forests, (purely orthographical, cf. oultre : moustre 1522/24, petite : resiste 834/36).
u = o: munde 729, plunger 1530, infecunde (: monde) 1441 cf. voluntaire 1586 (latin influence ?).
v = f: voys 1288.
-x = -s: viaux, assaulx, lieux.
y = i: roy, suyvre, nuysible, foy, luyt, aultruy, nuyre, noyre.
-z = -s: ditz, ilz, vieilz, espaignolz, piedz, haultz, noz, mortelz.

Tony Hunt

The use of non-etymological letters is illustrated in the following cases:

> double cons. (esp. in J): ellegance, insollence, valloir, nonchalloir, reculle, labille, tallent, invallable, coullant, cella, millan, caniculle, puerille, utille, escholles, brullee, challeur etc.
> inorganic h-: habandonné 770, hismos 836.
> ng: ung (almost universal in this text), besoing.
> gm/gn: rigmeray, regnart.
> bresche (17) shows contamination with *brisca* cf. flesche 81.

Note the spelling coeuvre (= couvre) in 729 and clat (= clot) in 756.

Phonology

1. *–age / aige* [Gossen, *Gramm. de l'anc. Picard* 7]: J saige : aaige 2/4; sages (J saiges) : langaiges 21/3; Janot has couraige at 143 and saige throughout 206–220; couraige : sage : orage (Janot saige and oraige) 215/16/17; sage: nage : dommaige 367/69/70 (Janot saige : nage : dommaige); J saigement 492; J couraige 496; J bocages : sauvaiges 507; 1378 visaige; heritage : saige : usage : courage 1623/1625/1626/28 (J heritaige : aige : usaige : couraige); J couraige : heritaige 1661/63; saige 1677 (cf. Marchello-Nizia, *Hist. de la lang. fr. aux XIVe et XVe siècles*, p.91).

2. *-ant* and *-ent* [Gossen 15; Marchello-Nizia, p.95] are kept distinct (see 493/5 & 502/4; 517/18 & 524/26).

3. *ar > er* [Gossen 3] in chergié 38; chergié : deschergié 431/33; charge 1029; *-ar-* and *-er-* are not rhymed with each other (see Marchello-Nizia, p.89), but for cherge : verge 1029/31 J has charge : verge.

4. non-palatalization of *c + a* [Gossen 41]: callengier 668, cault 1002, cameau 1578.

5. *-ellus* appears as *-iau* [Gossen 16] in vessiau 261, 264 (J vaisseau); viaux (J veaulx) : thoreaux (547–8); ruissiaux (J ruisseaux) 695; vessiaux 1544 (J vaisseaulx), vessiau 1546 (J vaisseau); corbiau 1605 (J corbeau).

6. mixing of *l* and *l* mouillé [Gossen 59; Marchello-Nizia, p.112] bouteilles : revelles (13/15).

7. mixing of *n* and *n* mouillé [Gossen 60; Marchello-Nizia, p.113] latine : signe, prol.31/3; tienne : souviengne 777/79.

8. *oi* = [*(w)e*] [Marchello-Nizia, pp.77ff] is indicated by aye (< habeat): foye (<ficatum) 241/43; scet : deçoit 343/4; noyse : mauvaise : rapayse 346/38/9; estoiles : icelles 396/97; desvoye : chaye 421/23; estoille : elle : appelle : fraternelle 528/30/31/33; passer : soir : penser 777/79/80; Gregois : voix : eschais; serre : voirre : pierre 854/57/58; voirre : terre 1064/66 (J has verre) & 1164/65; moy : soy : vray : quoy 1402/04/05/07; estre : mettre : s'entremettre : croistre 1440/42/43/45; noise : apaise 1620/21; mettre : estre : acroistre : prestre 1639/41/42/44 (J prebstre) avoir : laver : avoir : nettoyer 1529/31/32/35; avoir : laver 1544/45; noise : apaise 1620/21; foys : mauvais 1677/79. cf. also the spellings rasouer 1522, mirouer 1524, ouvrouers 1533.

Note the rhymes caniculle : urle 1261/63 (possibly a mistake for ule) and seulle : vueille 1288/90.

Morphology

1. The 3rd decl. adj. *grand* appears in various forms: grant before masc. noun in 16,25,258,268,499,1130 and after in 1120,1505, and before fem. noun in 433, 464,518, 593,672,674 (tresgrant),849,929,1229; grande(s) in 44,613, 1049,1221,1472, 1576,1648,1725; grans before masc.pl. 551,561, and fem.pl. 594.

Other epicene adjectives decline e.g. forte in 218,1125, and telle in 615,640,1219,1687 and telles in 1246. [cf. Marchello-Nizia, pp.125ff].

2. Verb forms are notably regular: note Ist pers. pres. ind.: facio > faiz (prol.25), fais (prol.38); pri (prol.50); je prens 322; je dy 939; je revien 1278; ne me vieil 1392; je ne tien point 1405; je vous prometz 1429; je conseille 1468, 1494.

Ist pl. pr. ind. -*on* : regardon 233, faison 763, voyon 1485, rion 1488

-*ons* : voyons 582, cuidons 648, voyons 721

past. part. prins 45, deprins 1170.

Subjunctive forms include avoir: 3 sing. pres., aye 241 and ait 372; ferir: 3 sing. pres., fiere 376.

Morphosyntax

1. Pronouns: soi = lui 280,1346; soy = lui 93/96, 292 ('by itself'), 326 (of the sun, 'in itself'); 393 with celui, 532; 'a par soy' (827) en soy (835) 1403, 1554 (see G. Brandt, *La Concurrence entre* soi *et* lui, eux, elle(s): *étude de syntaxe historique* (Lund / Copenhague, 1944)).

2. 'Celui' appears as a demonstrative adj. in 399 and 'cestui' in 459.

3. The relative pronoun 'lequel' is surprisingly rare, 948 1516 (cf. the observations of Marchello-Nizia, pp.208ff).

4. The preposition *o* is frequent (see Marchello-Nizia, p.351).

The Edition

What follows below is the text of *Les Paraboles* based on Vérard with variant readings from Janot. The commentary is not

Les Paraboles Maistre Alain en Françoys

uniformly interesting and in recognition of its perhaps excessive length I have printed all the worthwhile extracts in the notes. It was not practical to reproduce the woodcuts, some of which appear in other of Vérard's editions, and a sample of which can be consulted elsewhere (see above and notes 13–15).

LES PARABOLES
MAISTRE ALAIN EN FRANÇOYS

Les Paraboles Maistre Alain en Françoys

1   [A]insi que Dieu paraboliquement
      Maint preschement
      Fist de haulte substance,
      Pour explaner figurativement
5   Et clerement
      Ce que divinement
      Son mandement
      Mettoit par ordonnance,
      Esperance
10   J'ay que de ma puissance
      L'ellegance
      Traicteray des paroles
      Que maistre Alain fist en ses paraboles,
      Et se je applicque
15   Parabolique
      Sens au moral,
      Point il n'ymplicque,
      Car je l'explicque
      Sans penser mal,
20   Comme vassal
      Simple, rural,
      D'ung roy treshault et magnifique,
      Charles huitiesme, chief royal,
      De France, c'est l'especïal
25   Pour qui je faiz ceste practique.

        Et s'il est aucun theologue
      Ou autre qui die que je voys
      Contre droit de mettre en françois
      Le livre, honneur sauf il arrogue,
30   Puis que le françois ne desrogue
      En rien la parole latine,

Ainsi que premier au prologue
Du commentateur je le signe.

35 Le latin est fort familier,
Mais touteffois se je devie,
General et particulier,
De moy excuser je supplie;
Je ne le fais point par envie,
Mais affin que au roy je le donne,
40 Priant Dieu qu'il doint bonne vie
A ceulx qui ament la couronne.

Pour servir de texte et de glose,
Affin qu'on ne die que je mens,
Le texte rigmeray, la prose
45 Je feray selon les commens,
Affin que tous les elemens
De la lettre puisse expliquer
A ceulx qui leurs entendemens
A mes ditz vouldront appliquer.

50 Si pri la Saincte Trinité
Donner a ceulx qui vouldront suyvre
Le sens moral et verité
Des paraboles de ce livre,
Que lassus au ciel puissent vivre
55 Ainsi que je croy que Alain vit,
Qui ceste scïence nous livre
'Et totum scibile scivit'.

[I,1] Du soleil prent sa lumiere la lune
Et sa clarté; pareillement, du sage

Les Paraboles Maistre Alain en Françoys

     L'insipïent prent scïencë aucune
4   Dont clarté puisse avoir en tout [son] aage.

[I,2]   Ethna ne peut rien bruller sinon elle;
     Pareillement, l'envïeux par son chault;
     Invideux ne peult unë estincelle
8   Donner de feu a ceulx a qui n'en chault.

[I,3]   Le pourceau por manger se lieve
     De l'ordure ou il est couchié;
     Pourquoy doncques ne se relieve
12   L'homme envelopé de peché ?

[I,4]   Ne boutés point en de vieilles bouteilles
     De boys pourry le bon vin amoureux;
     Pareillement, aux trop vieulx ne revelles
16   Ton grant secret que retenir tu veulx.

[I,5]   Si tost que l'eau peut trouver quelque bresche,
     Au lieu s'en court qui lui est deffendu;
     Semblablement, depuis que l'omme peche,
20   Tost aux pechés il est condescendu.

[I,6]   Celui treffol est reputé des sages
     Qui veult garder basmes dedans ung crible;
     Celui aussi qui au plain de langaiges
24   Dit ce qui lui pourroit estre nuysible.

[I,7]   Le grant chemin n'est point si decevable
     Comme celui qu'on fait nouvellement;
     Pareillement, est le plus veritable
28   Le compaignon qu'on a eu longuement.

[I,8]	Cela n'est pas forme realement
	En ung miroir que l'omme y apparçoit;
	En fole femme aussi, pareillement,
32	N'est point la foy dont maint homme deçoit.
[I,9]	Le laboureur qui en terre infertile
	Va labourer pour recueillir blé folle;
	Pareillement, est labeur inutile
36	De l'escolier en la meschante escole.
[I,10]	De petis grains est fait le fardeau tel
	Que le cheval s'en treuve bien chergié;
	Semblablement, a ung peché mortel
40	Par petis maulx peut l'homme estre obligé.
[I,11]	Touaysons portent moutons jeunes ou vieux,
	Non pas por eux, por maistres ou maistresses;
	Semblablement, ung avaricïeux
44	Ne assemble point pour lui grandes richesses.
[I,12]	Ce qui est prins d'ung amechon tient bien
	Et a paine sans vïolence eschape;
	Semblablement, aussi n'eschape rien
48	De estroite main que avaricïeux hape.
[I,13]	A mille hommes peut le bon vin donner
	Ung tavernier, lui ou son serviteur;
	Et tout ainsi peut bien endoctriner
52	Plusieurs hommes ung notable docteur.

Les Paraboles Maistre Alain en Françoys

[I,14]   Gouffre de mer tousjours eau[e] reçoit
               Et n'est de lui jamés rien regetté;
               Le debiteur mauvais, aussi, qui doit,
56   A paine rent ce qu'on lui a presté.

[I,15]   Quant ung chien tient quelque chose frïande,
               A grant paine retirer l'en peut on;
               Non fait on pas ung beau plat de vïande
60   Quant il est mis devant quelque gloton.

[I,16]   Soubz mol pasteur, paresceux, negligent,
               Laine prent leu, l'aigneau tue sans garde;
               Ainsi perit l'Ennemy mainte gent
64   Soubz mol pasteur, paresceux, negligent.

               Tout bon pasteur doit estre diligent
               Envers les siens, car, ainsi qu'on regarde,
               Soubz mol pasteur, paresceux, negligent,
68   Laine prent leu, l'aigneau tue sans garde.

[I,17]   Plus est d'amour agreable le fruit
               Aprés hainnes et debas merveilleux;
               Que si jamés n'avoit esté destruit
72   Plus est d'amour agreable le fruit.

               Tout en ce point que le soleil plus luyt
               Resplendissant aprés temps nubileux,
               Plus est d'amour agreable le fruit
76   Aprés hainnes et debas merveilleux.

[I,18]	Penetrer peut la mauvaise parole
	Le cueur du sage en lui disant injure,
	Par volenté et presumptïon fole
80	Penetrer peut la mauvaise parole.
	Tout en ce point que la flesche qui vole
	Peut penetrer une armeure tresdure,
	Penetrer peut la mauvaise parole
84	Le cueur du sage en lui disant injure.
[I,20]	Se tu veulx ta chaleur reffraindre,
	Laisse vins et oysiveté,
	Vïandes aussi sont a craindre,
88	Se tu veulx ta chaleur reffraindre.
	Tout ainsi que, s'on veult destaindre
	Le feu, le boys en soit osté,
	Se tu veulx ta chaleur reffraindre,
92	Laisse vins et oysiveté.
[I,19]	Homme qui a bonne esperance en soy
	En bon propos tient son cueur fermement,
	A paine peut devïer de la loy
96	Homme qui a bonne esperance en soy.
	Ainsi qu'on voit que l'ancre par arroy
	La nef au port tient sans departement,
	Homme qui a bonne esperance en soy
100	En bon propos tient son cueur fermement.
[I,21]	Raison reffraint l'ire du cueur amer
	Et le garde de vouloir querir guerre,

Quant aucun cas meut l'omme a se fumer
104   Raison reffraint l'ire du cueur amer.

En la façon que la rive de mer
Les eaux retient, qu'ilz ne courent sus terre,
Rayson reffraint l'ire du cueur amer
108   Et le garde de vouloir querir guerre.

[I,22]   Volentiers retourne a son vice
Celui en qui peché domine.
Et qui n'a cure de justice
112   Volentiers retourne a son vice.

Comme la vieille cicatrice
Se ressourt en playe prestine,
Volentiers retourne a son vice
116   Celui en qui peché domine.

[I,23]   Celui homme qui a mal se dispose
Requiert tousjours sus les justes ferir,
Tousjours du mal sus le juste propose
120   Celui homme qui a mal se dispose.

Tout en ce point que l'ortie la rose
Par sa chaleur fait prés d'elle perir,
Celui homme qui a mal se dispose
124   Requiert tousjours sus les justes ferir.

[I,24]   Qui frequente les malfaisans
Des malfaisans est dit consors,
Tous ouvrages fait desplaisans
128   Qui frequente les malfaisans.

            Ainsi qu'en la paille gesans
            Les grains de blé semblent estre ors,
            Qui frequente les malfaisans
132   Des malfaisans est dit consors.

[I,25]   Tout homme doit resister vaillamment
            Contre Fortune et ses monitïons,
            Quant elle fait aucun adjournement,
136   Tout homme doit resister vaillamment.

            Comme la roche immeue aucunement
            Resiste aux coups des inundatïons,
            Tout homme doit resister vaillamment
140   Contre Fortune et ses monitïons.

[I,26]   Comme feuille hors l'arbre volatille
            Par motïon de vent impetueux,
            Agité est tout courage inutile
144   Comme feuille hors l'arbre volatille.

            En ce point est legiere et instabille
            La pensee de homme non vertueux,
            Comme feuille hors l'arbre volatille
148   Par motïon de vent impetüeux.

[I,27]   Fol est qui trop grant charge prent
            Sans ayde pour le supporter,
            Puis que souvent il en mesprent,
152   Fol est qui trop grant cherge prent.

            Comme celui qui entreprent
            Sans aviron la mer monter,

	Fol est qui trop grant cherge prent
156	Sans ayde pour le supporter.

[I,28]	Par l'aureille la doctrine on reçoit
	D'ung bon docteur qui donne sa scïence
	Aux auditeurs; se bien on la conçoit,
160	Par l'aureille la doctrine on reçoit.

	Comme en l'ostel le soleil se aperçoit
	Par petis treuz donner sa reluisance,
	Par l'aureille la doctrine on reçoit
164	D'ung bon docteur qui donne sa scïence.

[I,29]	De la bouche d'ung infame garson
	On ne sçauroit tirer ung mot de beau,
	Tousjours sortist quelque male façon
168	De la bouche d'ung infame garson.

	Comme l'en peut tirer d'ung ameçon
	Acuneffois plusieurs poissons de l'eau,
	De la bouche d'ung infame garson
172	On ne sçauroit tirer ung mot de beau.

[I,30]	En jeu de dés, de cartes et de tables
	Trouva Uulphus richesse et povreté,
	Mutatïons y a innumerables
176	En jeu de dés, de cartes et de tables.

	N'eussent esté les fins tresmiserables,
	Tout alloit bien, car, con j'ay recité,
	En jeu de dés, de cartes et de tables
180	Trouva Uulphus richesse et povreté.

[I,32]	Ainsi que fait Caribdis la cruelle,
	Qui revomit ce qu'elle prent soudain,
	En ce monde Fortune se chancelle
184	Ainsi que fait Caribdis la cruelle.
	Se vous avés anuyt richesses de elle,
	Demain les prent, bref, elle fait son train
	Ainsi que fait Caribdis la cruelle,
188	Qui revomit ce qu'elle prent soudain.
[I.31]	Vieilles amours sont comme vieilz tysons
	Qui ralument quant le souffre y est mis,
	Pour ralumer en tous temps et saisons
192	Vieilles amours sont comme vieilz tysons.
	Les plus sages y sont blans de raisons,
	Car, se une fois le cueur y est remis,
	Vieilles amours sont comme vieilz tysons
196	Qui ralument quant le souffre y est mis.
[I,33]	Comme ung cheval dessoubz ung chevalier
	Par l'esperon est contraint de courir,
	Contraindre on doit en jeunesse escolier
200	Comme ung cheval dessoubz ung chevalier.
	On doit enfans d'une verge esveillier
	Et les contraindre a scïence acquerir,
	Comme ung cheval dessoubz ung chevalier
204	Par l'esperon est contraint de courir.

Les Paraboles Maistre Alain en Françoys

[I,34]   Celui qui fait sa volenté
               Ne doit pas perir, s'il est sage,
               Mais doit bien estre hault monté
208   Celui qui fait sa volenté.

               Soit en richesse ou povreté,
               En prestrise ou en marïage,
               Celui qui fait sa volenté
212   Ne doit pas perir, s'il est sage.

[I,35]   Repos n'aura homme, tant soit il sage,
               Joye, plaisir, quelque mansuëtude,
               Tant comme ire mouvera son couraige,
216   Repos n'aura homme, tant soit il sage.

               Plus que la mer ou temps qu'il fit orage
               Et que meue est par peste forte et rude,
               Repos n'aura homme, tant soit il sage,
220   Joye, plaisir, quelque mansuëtude.

[I,36]   Que vault la porte deffermer
               A celui qui n'a la puissance
               De la reclorre et refermer,
224   Que vault la porte deffermer ?

               Que vault promettre et affermer
               Sans rien tenir ? — c'est arrogance;
               Que vault la porte deffermer
228   A celui qui n'a la puissance ?

[I,37]   Quicunques reçoit d'aultruy don,
               Il est obligé de le rendre,

	Tenu est de faire guerdon
232	Quicunques reçoit d'aultrui don.

        Femmes concevoir regardon
        Pour enfanter, ce donne entendre,
        Quicunques reçoit d'aultruy don,
236   Il est obligé de le rendre.

[I,38]   A ceulx qui sont trop eschauffés de foye
        Sont comparés les avaricïeux,
        Soif estancher ne peut eau qu'on envoye
240   A ceulx qui sont trop eschauffés de foye.

        Richesse aussi que avaricïeux aye,
        Ne lui suffist, et par tant pour le mieulx,
        A ceulx qui sont trop eschauffés de foye
244   Sont comparés les avaricïeux.

[I,39]   Ferme ton sain, garde toy du vipere,
        Il evomit son venin par chaleur,
        De paour de cheoir en mortel vitupere
248   Ferme ton sain, garde toy du vipere.

        C'est ung serpent qui tousjours propere
        Infaire aucun, par tant pour le meilleur,
        Ferme ton sain, garde toy du vipere,
252   Il evomit son venin par chaleur.

[I,41]   Tout en ce point que couldre vient de noix
        De qui on peut abundant fruit avoir,
        De glan aussi venir chesne tu voys,
256   Tout en ce point que couldre vient de noix.

Les Paraboles Maistre Alain en Françoys

                D'enfant petit aussi souventeffois
                Grant homme vient en vertu et sçavoir
                Tout en ce point que couldre vient de noix
260   De qui on peut abundant fruit avoir.

[I,40]   Mal fait bouter en ung vessiau persé
                Quelque bon vin, car petit y demeure
                Et est perdu soudain et dispersé,
                Mais ou vessiau entier le vin demeure;
                Semblablement, il est fol qui labeure
                Mettre scïence en pensee ebetee,
267   Car trop a coup elle en peut estre ostee.

[I,42]   Par le grant froit on voit croistre la naige,
                Mais quant Phebus o sa torche alumee
                Sus elle luyt, son croissement abrege
                Ou par pluyë est en bref consummee;
                Pareillement, la bonne renommee
                Par faire mal chascun jour appetisse,
274   Bon nom perit par petite malice.

[I,43]   La belle vigne a terre mise
                Requiert les branches des ormeaux,
                Affin de monter a sa guise
                Et porter ses tendres rameaux;
                Pareillement, povres hommeaux
                Querent le riche auprés de soy,
281   Necessité n'a point de loy.

[I,44]   Pour chien fraper de gros baton et battre
                On ne le peult garder par mal qu'il sente
                Qu'il n'abbaye par tout et qu'il ne lattre,

	Pourveu que a ce il ait mis son entente;
	Pareillement, ung menteur, qu'il ne mente,
	Puis que son cueur a mentir veult bouter;
288	Plus que larron est menteur a doubter.

[I,45]   De sa gueulle gette la cheminee
         Fumé, non feu; aussi, pareillement,
         Bouche envïeuse, a mal dire ordonnee,
         De soy ne peut nuyre realement;
         Ung envïeux par parler seulement
         A nuyre estant sa langue envenimee,
295   Mais en la fin ce n'est tout que fumee.

[I,46]   Maison ne peut faire a son maistre honneur,
         Tant belle soit, mais bon nom on lui donne
         Quant en elle est la bonté du seigneur
         Et qu'on scet bien qu'il est juste personne;
         Honneur est deu a toute chose bonne
         Et touteffois donner ne peut a maistre
302   Ung estre honneur, mais le maistre a son estre.

[I,47]   Jamés ne vouldroit delaisser
         Sans garde son cul la cigoigne,
         Le heron ne veult acourser
         Son bec, mais, plus tost, qu'il alloigne;
         C'est toute semblable besoigne
         D'ung pecheur qui trop se rabesse
309   En son mal, a paine le laisse.

[I,48]   Souvent toult la lumiere clere
         Du soleil la noyre nuee;
         Pareillement, l'ayde du pere

Les Paraboles Maistre Alain en Françoys

              Au filz peut estre transmuee
              Par la marastre effernuee;
              Aussi dit on, qui a marrastre
316   Souvent a le diable en son astre.

[I,49]   A tuer souvent ont failly
              Plusieurs archiers en mainte place
              L'oyseau qu'avoient assailli
              Qui ne doubtoit point leur menace;
              Aussi souvent on me menasse,
              Mais en ce je prens reconfort
323   Que homme menassé n'est pas mort.

[I,50]   Les estoilles au soleil ne pourroient
              Clarté donner, car splendeur souveraine
              Il a en soy, soubz qui fault qu'elles soient;
              Pareillement, la scïencë haultaine
              Du vertueux et vertu souveraine
              Croistre ne peut l'omme plain de innocence -
330   Si n'est tresor si beau que sapïence.

[I,51]   Au nouveau maistre vient le nouvel argent
              Par quoy chascun en nouvelle scïence
              Doit regarder le lieu propre et la gent
              Ou prouffiter de sa practique pense;
              A toutes gens ne plaist pas l'elloquence
              D'ung beau diseur në en chascun cartier,
337   Mais chascun quiert vivre de son mestier.

[I,52]   Celui qui ses gluons va tendre
              Ou son fillé pour les oyseaux
              Volans dessus le buysson prendre,

	Chante divers chants et nouveaux;
	Pareillement, ung homme faulx
	Voulentiers dit beau ce qu'il scet,
344	Souvent beau parler nous deçoit.
[I,53]	On voit les arbres en ung boys
	En tormente faire grant noyse
	Et les lÿons aucuneffois
	Ensemble avoir hayne mauvaise;
	Mais touteffois tout se rapayse
	Et vivent d'amour acordable:
351	Chascun doit amer son semblable.
[I,54]	Aprés la nuyt on voit que le jour vient
	Et le soleil reluit aprés la pluye,
	Ris aprés pleurs esperer nous convient
	Pour eviter fole melancolie;
	Par chascun jour le monde se varie
	Et est bien fol qui trop s'en desconforte:
358	Le vent n'est point tousjours a une porte.
[I,55]	Que vault estre de ce monde monarche
	Comme Cesar et aussi glorïeux ?
	Que vault avoir l'or du monde en son arche,
	L'argent aussi et joyaux precïeux ?
	Puis que la mort nous pourchasse en tous lieux
	Qui de tous biens mondains nous desherite,
365	Honneur mondain chiet tost par mort subite.
[I,56]	La nef n'a garde de perir
	Que conduit le marinier sage,
	Bien la garde d'aller ferir

Contre les roches quant il nage,
De tout peril et tout dommage
Sa nef affranchit et acquite:
372   Partout fault qu'il y ait conduite.

[Bk II]

[C]y commence le second chapitre de ce present livre nommé Paraboles et procede d'autre façon que le premier, car en cestui chapitre pour chascune parabole et similitude il y a quattre lignes de mettre en latin, lesquelles expose le commentateur plus a plain et declare le sens moral qui par la parabole doit estre entendu. Et commence cestui chapitre au latin *Luctatur cum nocte dies* etc. ...

[II,1]   Contre la nuyt le jour debat,
            Contre tenebres la lumiere,
            La nue noire felle et fiere
376   La vie craint, que mort ne la fiere,
            Car tousjours gaignent les plus fors;
            Ainsi est le labeur du corps,
            La chair contre l'esperit bataille
380   Et de divers assaulx lui baille
            Par merveilleux et grans effors,
            Mais s'il fault que l'esperit deffaille
            Et soit vaincu, nous sommes mors.

[II,2]   Le cheval naturellement
            A faiz porter se distribue,
            Le beuf aussi, pareillement,
            Are la terre o la charue,
388   La brebis de laine est vestue,
            Le chien de l'ouäillier prent cure;
            Bref, toutes choses a nature

	Rendent leur deu, fors seulement
392	Celui qui plus d'entendement
	En soy par raison doit avoir -
	Fors l'omme generalement,
	Toutes choses font leur devoir.

[II,3] Le mouvement du ciel meut les estoiles
      Sinon une, dicte ciel antartique,
      Mais touteffois le mouvement d'icelles
      Ne peut mouvoir celui ciel primartique;
400   Le mouvement de lui trésautentique
      Est permanent, singulier et semblable,
      Signifïant que l'omme veritable,
      Sage, constant, ne doit chose entreprendre
404   Qu'il ne vueille maintenir sans mesprendre,
      Ou, s'il le fait, sans aucune doubtance
      Il est digne de soy faire reprendre
      Et argüer de parfaicte inconstance.

[II,4] D'orïent va jusques en occident
      Le beau soleil, et d'occident retourne
      En orïent; jamés n'est resident
      En ung estat, a toute heure se tourne,
412   Incessamment chemine et ne sejourne
      Pas ung instant ou fermement se fonde;
      Pareillement est l'amour de ce monde,
      Tousjours change, soit par terre ou par mer,
416   A l'une foys est doulx, a l'autre amer,
      L'ung leve en hault, l'autre laisse en la fange,
      Conclusïon: du monde fort amer
      C'est grant folleur, car il est trop estrange.

[II,5] Lieu plus seur est en terre que es grans tours
Que fouldre et vent souventeffois desvoye
Par fort souffler; c'est ung regulier cours,
Qui siet a terre, il n'a lieu dont il chaye !

[II,6] La mort ne peut estre avecques la vie,
Contraires sont, tant par dit que par fait,
L'ung destruit ce que l'autre vivifie
Et ne peuent ensemble par effect;
Semblablement, l'amour vil et infait
De ce monde ne sçauroit avoir lieu
Avec le bon et vray amour de Dieu.

[II,7] Quant ung cheval par trop est chergié,
A terre chiet, succumbe soubz le fais,
A grant paine, tant qu'il soit deschergié,
Se peut lever; ainsi va des forfaiz
Que l'omme humain par abundance a faiz,
Qui le pressent tant par leur pesanteur,
Que a grant paine peut ressouldre aux bienfais
Pour retourner a Dieu le Createur.

[II,8] Le marinier ne peut pas gouverner
Aucuneffois a son gré sa nacelle,
Ains lui convient la conduire et mener
Selon le vent qui agite soubz elle
L'eau de la mer par quoy la nef chancelle
Incessamment et sans quelque repos;
Semblablement, Fortune la rebelle
Garde l'omme de faire son propos.

[II,9] Souventeffois que l'omme songe
　　　　Il lui semble en sa fantaisie
　　　　Que c'est verité que son songe,
450　　Et touteffois c'est menterie;
　　　　Ainsi est de la seigneurie
　　　　Des biens mondains premierement,
　　　　Ce n'est rien et aprés la vie
454　　Retourne a rien semblablement.

[II,10] Ou temps d'esté quant il fait bel et chault,
　　　　Va le fourmy querir sa nourriture
　　　　Et se garnit de cela qui lui fault
458　　Pour vivre en temps de naige et de froidure;
　　　　Cestui fourmy le jeune enfant figure,
　　　　Signifïant qu'en sa force et jeunesse
　　　　Il est besoing que la chose il procure
462　　Dont il puisse soustenir sa viellesse.

[II,11] Comme l'oyseau qui vole en l'air
　　　　Tourne Fortune sa grant roe,
　　　　Monter la fait et devaler
466　　Comme l'oyseau qui volle en l'air.
　　　　Et si hault ne sçauroit aller
　　　　Qu'elle ne retourne en la boe,
　　　　Comme l'oyseau oui vole en l'air
　　　　Tourne Fortune sa grant roe.

[II,12] L'yvrouegne boit ains qu'il vomisse
　　　　Et s'il chiet par yvrouegnerie,
　　　　Audevant que cheminer puisse
474　　Lever le fault; mais il n'est mie
　　　　Ainsi de l'omme en sa folie –

Les Paraboles Maistre Alain en Françoys

              Il desire se nommer maistre
              Avant que jamés estudie
478   Et avant que clerc docteur estre.

[II,13]   Chose ne peut en plain marchié
              Estre achatee chierement,
              Plus chier est ce que longuement
482   On a, et a paine, cherchié.
              Quant on est soubdain depechié,
              Cela n'est que ung esbatement,
              Mais quant on est fort empeschié,
486   On dit qu'il couste largement.

[II,14]   Le beuf ronge les herbes longuement
              Pour mieulx valoir a son nourrissement;
              Pareillement, doit l'enfant ruminer
490   De son maistre souvent l'enseignement
              Et le bouter en son entendement
              Quant sagement se veult endoctriner.

[II,15]   Tant souffle le fevre en forgant
494   Qu'il fait au feu le fer dur mol;
              Pareillement est dommagant
              Fureur et courage d'ung fol,
              Car quant fureur le tient au col,
498   Jamés il n'est d'elle quitté,
              Et fust il grant comme saint Pol,
              Tant que tout soit debilité,
              Ainsi que par l'abilité
502   Du fevre qui forge souvent
              Le fer pert sa solidité
              Et devient mol par feu et vent.

[II,16] 506	Quant les chasseurs crïent par les bocages Menans bracqués, espaignolz ou levriers, A la voiz de eulx fuyent les asnes sauvages, Devant les chiens fuyent aussi les sengliers, Car s'ils estoient rencontrés des levriers,
510	Sur eulx seroit la cruelle dent mise; Pareillement, les bons hommes d'eglise Doivent estre des vices empescheurs, Contre eulx crier ainsi que vrays prescheurs
514	De verité en reprouvant tout vice Et, s'ilz voient en la fin les pecheurs Estre obstinés, les punir par justice.
[II,17] 518	Le roy Mida estoit d'or et d'argent Riche et puissant par grant possessïon, Mais il estoit reputé indigent Quant au regart de sa possessïon; Semblablement, par estimatïon
522	Riche est nommé ung avaricïeux Qui a tout plain de joyaux precïeux: Touchant cela il est dit bon marchant, Mais au regart de son fait vicïeux
526	Est reprouvé et appellé meschant.
[II,18]	Comme Hesperus se haste de sortir Pour luyre au soir premiere que autre estoille, Si qu'il semble qu'elle veult departir
530	Sa grant splendeur aux estoilles pres de elle; Pareillement l'omme de bien appelle Le povre a soy s'il le voit quelque part Et par doulceur et amour fraternelle De ce qu'il a de biens il lui depart.

Les Paraboles Maistre Alain en Françoys

[II,19]   Eölus, le vent amïable,
            Des autres vens l'ire tempere,
            Neptunus, dieu de mer et pere,
538   Fait la mer doulce et aggreable;
            Le doulx homme par cas semblable
            Les furïeux fait moderer;
            Comme Eölus fait temperer
542   Les autres vens par sa doulceur,
            Le maistre aussi se doit greigneur
            Que son servant faire nommer,
            Ainsi que Neptunus seigneur
546   Se monstre et prince de la mer.

[II,20]   Plus tost combatent jeunes viaux
            L'ung a l'autre, et jeunes thoreaux,
            Que ceulx qui sont cornus et vieux.
550   Jeunesse fait en plusieurs lieux
            Faire grans et divers assaulx.

            Plus tost se combatent maraulx
            Que gens qui ont biens a monceaux,
            Car, comme on voit devant ses yeulx,
555   Plus tost combatent jeunes viaux
            L'ung a l'autre, et jeunes thoreaux,
            Que ceulx qui sont cornus et vieux.

            Plus souvent petis garsonneaux
            Qui ne sont pas de deux piedz haultz
560   Meuvent guerre et debat entre eulx
            Que ne font grans gens vertueux
            Et sont noz termes principaulx.

	Plus tost combatent jeunes viaux
	L'ung a l'autre, et jeunes thoreaux,
565	Que ceulx qui sont cornus et vieulx;
	Jeunesse fait en plusieurs lieux
	Faire grans et divers assaulx.

[II,21]   Se vous joigniés ung beuf impatïent
          Avec ung doulx a charrue mener,
570   Le beuf mauvais, jamés le pacïent,
          Ne souffrera droit chemin cheminer,
          Mais le fera obliquement tourner;
          Semblablement sont les hommes mauvais
574   Avec les bons, ilz ne cessent jamés
          De les tourner en quelque obliquité
          Pour delaisser chemin de verité.
          Par ce qui est des bons aux bons se tienne,
578   Avecques eulx prenant felicité,
          Et des mauvais jamés ne lui souviengne.

[II,22]   Contre la naige, contre la pluye,
          Et contre la gresille aussi
582   Retourner voyons sans soucy
          Les chievres et faire partie;
          Les ouäilles sans departie
          Y resistent pareillement,
586   Monstrans au juste homme comment
          Il fault qu'il resiste et endure
          Contre peché, fraude, ire, injure,
          Qui veullent destruire le juste
590   Se vaillamment il ne procure
          Contre eulx estre ferme et robuste.

Les Paraboles Maistre Alain en Françoys

[II,23]   On ne sçauroit passer une gallee
          Par la grant mer sans avirons avoir,
594   Ou, se elle n'est de grans voilles voyllee,
          Pour la faire vitement esmouvoir;
          Semblablement, le coureur doit avoir
          Pié diligent avecques esperance,
598   Se de courir veult faire son devoir,
          Espoir et pié lui doivent faire aydance.

[II,24]   Plus loingt voit qui a plusieurs yeulx
          Que qui en a ung seulement,
602   Homme ne peut en divers lieux
          D'ung oeul tout seul voir clerement.
          Pour ce bailla premierement
          Juno, femme de Jupiter,
606   Une vache a solliciter
          A Argus, qui cent yeulx avoit,
          Pourtant que bien elle sçavoit
          Que avec ses cent yeulx sans abus
610   Sa vache mieulx garder devoit
          Que n'eust fait l'oeul Polliphebus.

[II,25]   Mains excerce feu espandu
          Sa grande vertu naturelle
614   Que celui ouquel est rendu
          Ensemble boys ou chose telle
          Qui soit bien combustible de elle
          Pour en faire tost feu saillir;
618   Pareillement, qui assaillir
          Veult son ennemy par oultrance,
          Il doit assembler sa puissance
          Totale sans la disperser,

622	Car qui veult monstrer sa vaillance,
	Il se fault du tout efforcer.
[II,26]	Celuy ennemy est le pire
	A qui, quant tu auras bien fait,
626	Mouvoir bataille a toy desire
	Pour remunerer ton bienfait;
	Ainsi va le vouloir infait
	De la chair qui, plus lui procure
630	De plaisir et de nourriture,
	Plus lui veult faire de insollence.
	Pourtant qui veult la vïolence
	De charnalité reprimer,
634	Par jeunes et par abstinence
	Reffraindre la doit et domer.

[Bk III]

[I]cy commence le tiers chapitre de ce livre nommé Paraboles. Et procede cestui chapitre par six lignes de mettre latin pour chascune partie desquelles la premiere commence *Non teneas aurum totum quod splendet ut aurum* etc. ...

[III,1]	Tout n'est pas or ce qui reluit
	Comme l'or; toute pomme belle
638	Pareillement n'est pas bon fruit;
	La puissance aussi naturelle
	Souvent en plusieurs n'est pas telle
	Qu'elle apparest en divers lieux;
642	Mais c'est abus devant noz yeulx
	En supposant d'aucune chose
	Que en elle vertu soit enclose
	Tresgrande ou elle est trespetite -

Les Paraboles Maistre Alain en Françoys

646	Ce des ypocrites expose, Tel est regnart qui semble hermite.
	Ceulx que cuidons estre semblables Aux saincts par leur simplicité,
650	Par fraude et infidelité Sont mainteffois pires que diables; Par fait, par dit sont decevables Souvent en feignant verité
654	Ceulx que cuidons estre semblables Aux saincts par leur simplicité.
	Plus d'aloes ou choses grevables Par amere proprïeté
658	Ont ou cueur que de doulcité De miel ou choses amïables; Ceulx que cuidons estre semblables Aux saincts par leur simplicité,
662	Par fraude et infidelité Sont mainteffois pires que diables.
[III,2]	Quant on lie la chievre au rastellier Et on ne va lui bailler que mengier,
666	Le rastellier de ses dens elle mort, Quant mieulx ne peut, elle le va rongier; Posé aussi que chascun callengier Vueille des biens, ce n'est pas du plus fort
670	Que souhaitter — il fault prendre confort A ce qu'on a, et pillier pacïence; Chascun ne peut avoir grant affluence Des biens mondains; l'ung en a, l'autre point,

674	L'ung est riche par tresgrant excellence,
	L'autre povre, Dieu le veult en ce point.
	Rien ne prouffite desirer
	Cela que avoir on ne sçauroit,
678	Jamés au povre ne pourroit
	Amender, mais bien empirer;
	Pour plorer ou pour souspirer,
	Quant cent ans on souspireroit,
682	Rien ne prouffite desirer
	Cela que avoir on ne sçauroit;
	Peu ou grant, il fault endurer
	Ce que Dieu veult — quant il diroit
686	'Ainsi soit fait', il le seroit;
	Et par tant, pour tout desclarer,
	Rien ne prouffite desirer
	Cela que avoir on ne sçauroit,
690	Jamés au povre ne pourroit
	Amender, mais bien empirer.
[III,3]	Toutes eaux vont en mer descendre
	Devant Neptune, dieu des eaux,
694	Tous fleuves a lui se vont rendre,
	Aux fleuves les petis ruissiaux;
	L'eau quiert tousjours aller les vaulx
	Qu'elle ame naturellement
698	Et s'en fuït totalement
	Des montaignes qu'el[le] a en hayne;
	Aussi est richesse mondaine,
	L'une s'en va l'autre cherchier,

702	Mais de povreté la villaine
	Jamais ne vouldroit approchier.
	Au riche homme toute richesse,
	Au povre toute povreté,
706	Bien mondain est de qualité
	Que a paine jamés se rabesse.
	Tousjours acquiert que biens possesse,
	Car il fault de necessité
710	Au riche homme toute richesse,
	Au povre toute povreté.
	Le povre qui vit en destresse
	De tous bons marchés est getté,
714	Jamés n'a que maleureté,
	Car en effect tousjours adresse
	Au riche homme toute richesse,
	Au povre toute povreté,
718	Bien mondain est de qualité
	Que a paine jamés se rabesse.
[III,4]	Le vent Zephire en Boréas
	Nous voyons souvent transmuer
722	Boree en Zephire; a ce cas
	Il ne fault que le nom muer
	Sans leurs vertus destituer;
	Mais que le temps soit mutatif,
726	Ce n'est point cas admiratif -
	Que l'ung vent en l'autre se mue,
	Que le soleil de noire nue
	Coeuvre sa beauté clere et munde,

730	C'est une chose assés congneue
	Qu'il plaist au Conditeur du monde.
	Puisque Dieu qui est veritable
	A baillé le commandement
734	De la mer permanentement,
	Pourquoy est l'omme varïable ?
	C'est ung cas trop fort admirable
	De muer si soudainement,
738	Puisque Dieu qui est veritable
	A baillé le commandement
	Du temps; s'il n'est ferme et estable,
	Ce n'est point esbahissement -
742	Dieu le veult; mais estonnement
	Est que l'omme soit si mutable;
	Puisque Dieu qui est veritable
	A baillé le commandement
746	De la mer permanentement,
	Pourquoy est l'omme varïable ?
[III,5]	Celui qui prent furtivement,
	Combien que de jour se pourchasse,
750	N'a pas mendre punissement
	Que le larron qui de nuyt trasse;
	Celui aussi qui l'or enchasse
	En ung champ loing de ses prochains
754	En effect ne peche pas mains
	Que celui qui sa doctrine
	Clot en sa bouche ou sa poictrine,
	Car Dieu a tout sage commande

Les Paraboles Maistre Alain en Françoys

758	Enseigner, donner discipline
	A l'ignorant qui la demande.
	Affin que le divin vouloir
	Soit fait comme il est ordonné,
762	Se le vray Dieu nous a donné
	Ung tallent, faison le valloir,
	Ne metton point a nonchalloir;
	Le bien de Dieu soit gardonné,
766	Affin que le divin vouloir
	Soit fait comme il est ordonné.
	Quant Dieu viendra pour recevoir
	Contes au jour determiné,
770	De son tallent habandonné
	Il nous fauldra faire devoir;
	Affin que le divin vouloir
	Soit fait comme il est ordonné,
774	Se le vray Dieu nous a donné
	Ung tallent, faison le valoir.
[III,6]	De dormir n'a quelque besoing
	Qui les Cyrenes veult passer,
778	Pour les dangiers doit estre en soing
	A toute heure, matin et soir;
	Celui aussi doit bien penser
	A l'estude de verité
782	Qui veult eviter faulseté.
	Le metrificateur habile
	Souventeffois tourne le stille
	Du mettre, que a tourner se apreste;

786	Qui aussi veult grater sa teste
	Et puis ses ungles de ses dens
	Va rongner, est bien deshonneste,
	Ce sont notables evidens.
790	Toutes paroles ne sont pas
	Propres en colloqutïon,
	Il fault par moderatïon
	Declarer et dire son cas.
794	Dire paroles par compas
	Est louable conditïon,
	Toutes paroles ne sont pas
	Propres en colloqutïon.
798	Soit a prescheurs ou advocats,
	De paroles electïon
	Faire fault, puis auditïon
	Demander, car en tous estas
802	Toutes paroles ne sont pas
	Propres en colloqutïon,
	Il fault par moderatïon
	Declarer et dire son cas.
[III,7]	Tersites le garrulateur
	Du nombre aux Achins ou Gregois
	Ne fut jamés augmentateur
	Par vertu trop bien de sa voix;
810	Alphinus aux joueurs des eschais
	Inutile estoit; entre oyseaux
	Le hua[n], entre les monceaux
	De mousches a miel inutile
814	Est le fullon, car rien fertille

Les Paraboles Maistre Alain en Françoys

          Entre elles ne peult augmenter,
          Mais le chiffre est assés utile
          En fait de nombres pour compter.

818   Aucuneffois peut prouffiter
          Ce qui de soy est invallable,
          Ainsi que ung ciffre est prouffitable
          A qui se mesle de compter;
822   On ne doit pas tout regetter,
          Comme dit le commun notable,
          Aucuneffois peut prouffiter
          Ce qui de soy est invallable.

826   Qui vouldroit le chiffre bouter
          A par soy, non signifïable
          Il seroit, mais il est aydable
          En nombres et pour bien getter;
830   Aucuneffois peut prouffiter
          Ce qui de soy est invallable,
          Ainsi que ung chiffre est prouffitable
          A qui se mesle de compter.

[III,8]   La mer tient une isle petite
          En soy close totalement,
          C'est hismos, laquelle resiste
          Aux flux de mer et au torment;
838   Les beufz aussi, pareillement,
          Fors et puissans pour s'ahurter,
          A l'ung l'autre battre et hurter,
          Ung petit pasteur qui survient
842   Les despart; quant guerre aussi vient
          Dé Lucaïns contre Apulïens,

Pour les rapaiser ne convient
Que les petis Venitïens.

846 Souvent la petite pierre
Fait le charïot renverser,
Faire aussi peut souvent cesser
Petit moyen une grant guerre;
850 En plusieurs parties de terre
On peut veoir que sans froisser
Souvent la petite pierre
Fait le charïot renverser.

854 On voit aussi tenir en serre
Le grant au petit, et blesser,
Le riche au povre rabesser,
Car aussi cler comme le voirre
858 Souvent la petite pierre
Fait le charïot renverser,
Faire aussi peut souvent cesser
Petit moyen une grant guerre.

[III,9] Ung regnart dedens sa caverne,
La ou il gist toute saison,
Plus aspre et cruel se dicerne
Qu'en autre lieu, c'est bien raison;
866 Pareillement, en la maison
Ou le chien nourry a esté
Avecques la socïeté
Des chiens prés de le secourir,
870 Tresapre de mordre et courir
Est, ce que ailleurs ne seroit mie;

Les Paraboles Maistre Alain en Françoys

           Semblablement est de ferir
           Mauvais garson en compaignie.

874   Comme villain en son fouyer
           A assaillir est dangereux,
           Le chien aussi est orguilleux
           Quant il est dedens son fumier.
           Le regnart dedens son terrier
           Bien autant ou encore mieulx
           Comme villain en son fouyer
           A assaillir est dangereux.

882   Mauvais garson en son paillier,
           Avecques ceulx qui sont tieux
           Comme lui, est avantureux
           Et le fait aussi mal railler;
886   Comme villain en son fouyer
           A assaillir est dangereux,
           Le chien aussi est orguilleux
           Quant il est dessus son fumier.

[III,10]   Lievre trouvé soubz veprecule
           Le chasseur pas tousjours ne happe,
           Se une fois le chien se reculle,
           Tant soit petit, le lievre eschape;
894   Qui aussi anguilles attrape
           En l'eau, posé que entre ses mains
           Les tienne, ce n'est que du mains,
           En estraignant glisse l'anguille;
898   Pareillement est tost labille
           Amour, s'il n'y a entour elle

Moyen pour la tenir stabile,
Fait par liberté mutuelle.

902 Plus fort est amy a garder
Beacoup qu'il n'est a acquerir,
Amour est facile a perir
Qui ne la scet contregarder.
906 Par ung seul petit discorder
Deffault amour, car, sens mentir,
Plus fort est amy a garder
Beacoup qu'il n'est a acquerir.

910 Par trop se haster ou tarder,
Peu donner et trop requerir,
Soudain peut amour deperir,
Car, a verité regarder,
914 Plus fort est amy a garder
Biacoup qu'il n'est a acquerir,
Amour est facile a perir
Qui ne la scet contregarder.

[III,11] Le neu n'est pas fermement fait
Pour tenir infalliblement
Qui d'ung doy peut estre deffait
Et desnoué. Semblablement,
922 La foy qui fault soudainement
Ne vault rien, trop est varïable;
Qui aussi a estre foyable
Delaisse, ja ne le sera,
926 Qui d'amour aussi veritable
N'ayme, de fait ja ne aymera.

Les Paraboles Maistre Alain en Françoys

          Separer deux loyaux amis,
          C'est fait de grant perversité,
930   Quant d'une bonne loyaulté
          Leurs deux cueurs sont ensemble mis;
          Pour faire mortelz ennemis
          Plains de hayne et crudelité,
934   Separer deux loyaux amis,
          C'est fait de grant perversité.

          Puisque une fois Dieu a parmis
          Que l'ung en l'autre ait cueur bouté
938   En amour, doulceur et bonté,
          Je dy a qui c'est entremis:
          Separer deux loyaux amys,
          C'est fait de grant perversité,
          Quant d'une bonne loyaulté
          Leurs deux cueurs sont ensemble mis.

[III,12] Malade qui veult repeller
          Ceulx qui lui donnent medecine
946   Plus blessé se doit appeller
          De entendement que de poitrine;
          Aveugle aussi lequel chemine
          Par les champs aprés son servant,
950   Qui le conduit et va devant,
          Se l'aveugle se veult combatre
          A son serviteur et le batre,
          Bien fol se monstre en ce debat,
954   Car le servant est bien follastre
          S'il ne le laisse ou ne le bat.

	Aux yeulx coullans et chassïeux
	Le colliré est prouffitable,
958	Car il est doulx et gracïeux
	Aux yeulx coullans et chassïeux.

	Qui a perdu l'ung des deux yeulx,
	Rien n'en fait, mais sans quelque fable
	Aux yeulx coullans et chassïeux
	Le colliré est prouffitable.

[III,13]	Fol est qui va le neu cherchier
	En ung cercle — il n'y en a point;
966	Celui aussi peut tresbuchier
	Qui, par degré mis mal a point
	Et de boys pourry tout desjoinct,
	Veult monter ung fardeau pesant;
970	Aussi a ung mauvais servant
	Faire bien n'est que chose vainne,
	Qui le fait pert bien et sa paine,
	Qui va querir fidelité
974	Ou la deceptïon est plaine,
	C'est une grant fatuïté.

	Faire des biens au mauvais serviteur
	Chose vaine est et puis paine perdue,
978	Car le mauvais jamés ne se habitue
	Que de tout mal envers son bienfaicteu[r];
	Qui desirë avoir persecuteur,
	Il lui convient, quant ses biens distribue,
982	Faire des biens au mauvais serviteur,
	Chose vainne est et puis paine perdue.

Les Paraboles Maistre Alain en Françoys

	Sachë aucun qui d'autrui est ducteur
	Que le servant mauvais ne retribue
986	Que mal pour bien, et par ce point je argue,
	Disant ainsi devant tout orateur,
	Faire des biens au mauvais serviteur
	Chose vainne est et puis paine perdue,
990	Car le mauvais jamés ne se habitue
	Que de tout mal envers son bienfaicteur.

[III,14]   Une chose digne de ris
        Est et aussi de mocquerie
994   Quant une petite souris
        Sus les autres veult seigneurie
        Et comme royne estre establie;
        Ris aussi semblable peut estre
998   Du serviteur qui veult son maistre
        Surmonter disant qu'il le vault;
        Du malheureux qui monte en hault
        Par droit on se peut rire aussi,
1002   Car au monde n'est rien si cault
        Que l'orgueil d'ung povre enrichi.

        Comme ung singe sus une pelle
        Est le povre qui en hault monte,
1006   Des autres ne veult tenir compte,
        Mais est despit, fier et rebelle.
        Si tost que Fortune l'apelle
        Et que son orgueil le surmonte,
1010   Comme ung singe sus une pelle
        Est le povre qui en hault monte.

	Pour tenir termes et querelle
	Singuliere sans avoir honte
1014	Et dire que pas il ne compte
	Tout le monde une grosse selle,
	Comme ung singe sus une pelle
	Est le povre qui en hault monte,
1018	Des autres ne veult tenir compte,
	Mais est despit, fier et rebelle.

[III,15]	On ne peut abrever deument
	Les chevaulx en les tempestant,
1022	Traicter les fault moderément
	Pour boire, non pas en batant;
	Pareillement, ung jeune enfant
	Que son maistre tient a l'estude,
1026	Quant il le treuve ung petit rude,
	Il le doit traicter par doulceur,
	Car il en est qui par rigueur
	Ne veulent prendre aucune cherge,
1030	Les autres la prennent de peur
	Qu'on ne leur baille de la verge.

	Ainsi comme une medecine
	A deux maulx n'est pas convenable,
1034	Pareillement, n'est recevable
	De deux enfans une doctrine;
	L'ung demande la discipline,
	L'autre par amour est tractable,
1038	Ainsi comme une medecine
	A deux maulx n'est pas convenable.

Les Paraboles Maistre Alain en Françoys

	L'ung est pesant qui fort rumine,

          L'ung est pesant qui fort rumine,
          L'autre est de legier concevable,
1042   En effect c'est chose semblable,
          La scïence se determine
          Ainsi comme une medecine,
          A deux maulx n'est pas convenable,
1046   Pareillement n'est recevable
          De deux enfans une doctrine.

[III,16]   En une petite mantique
          Une grande toille vendable
1050   Est mise — quant bien on l'applicque,
          De peu de lieu est occupable;
          C'est dont chose bien admirable
          Que au vouloir d'ung homme envïeux
1054   Tout le bien qui est soubz les cieulx,
          Gloire, honneur et ce qu'on peut dire
          De richesse, ne peut suffire,
          Mais tousjours par cupidité
1058   De plus fort en plus fort desire
          Et n'a autre felicité.

          Qui desire toute la terre
          Avoir en sa possessïon,
1062   A son ame fait dure guerre,
          Qui desire toute la terre.

          Il est aussi cler comme voirre
          Que l'omme a fole opinïon
1066   Qui desire toute la terre
          Avoir en sa possessïon,

[III,17]　　　Le petit lÿon circuït
　　　　　　Les desers d'amont et d'aval,
1070　　　　Soir et matin, de jour, de nuyt,
　　　　　　Sans trouver a qui faire mal;
　　　　　　Le serpent aussi desloyal
　　　　　　Et mortifere ne labeure
1074　　　　Pas getter venin a toute heure,
　　　　　　De poindre aussi pareillement,
　　　　　　Combien que son entendement
　　　　　　Soit tousjours de getter ordure
1078　　　　S'il trouvoit ou aucunement,
　　　　　　Le mauvais est de sa nature.

　　　　　　Comme lÿon fier et cruel
　　　　　　Est ung homme plain de malice,
1082　　　　Et vray semblable en malefice
　　　　　　A ung serpent qui est mortel
　　　　　　Pour estre a malices isnel,
　　　　　　Mais que a mal faire trouver puisse.
1086　　　　Comme lÿon fier et cruel
　　　　　　Est ung homme plain de malice.

　　　　　　Soit aux champs ou soit a l'ostel,
　　　　　　En seigneurie ou en service,
1090　　　　S'il treuve a qui faire aucun vice,
　　　　　　Et fusse sus le maistre autel,
　　　　　　Comme lÿon fier et cruel
　　　　　　Est ung homme plain de malice,
1094　　　　Et vray semblable en malefice
　　　　　　A ung serpent qui est mortel.

[Bk IV]

[I]cy commence le quart chapitre des Paraboles, lequel en mettre latin se continue et divise par certaines parties, desquelles chascune partie contient huit lignes de mettre, esquelles sont contenues plusieurs et diverses similitudes toutes reductives les unes aux autres en sens moral, ainsi que la deduction aparoistra ...

[IV,l]   Mal est une espine tiree
     Du pié de l'homme, s'il convient
1098   Que la poincte y soit demouree,
     Car tant plus longuement si tient,
     Tant plus de pourriture vient,
     Et par ceste longue demeure
1102   A l'homme bien souvent advient
     Qu'il perde le pié ou qu'il meure.

     Qui veult hors de sa conscïence
     Mettre toutes culpes mortelles,
1106   A les bien tirer toutes pense,
     Tant les vieilles que les nouvelles,
     Car il n'en fault que l'une de elles
     Y demeure tant seulement,
1110   Pour mettre en paines eternelles
     L'omme et mener a damnement.

     Que prouffite la medecine
     Qui deux cens playes guerira,
1114   S'il en demeure une racine
     Seule par qui l'omme mourra ?
     Cella peu lui prouffitera.
     Ainsi va de confessïon,

1118	Qui planiere ne la fera, N'aura point de remissïon.
[IV,2] 1122	L'arbre qui est grant et branchu, S'il n'a par le bas qui l'arreste, Soudainement peut estre cheu, Quant il a vent qui le tempeste, Mais pour fouldre ne pour tempeste Qui vienne forte et repentine
1126	Peut tant soit peu ployer la teste L'arbre qui a bonne racine.
 1130	Qui veult sa renommee estendre Sans la racine de merite Est en grant dangier de descendre Aussi tost qu'il monte ou plus vite, Car la renommee est petite, Quelque louenge qu'on se donne
1134	Par opinïon illicite, Se vertu n'est en la personne.
 1138	Celui qui quiert par vanité Se faire eslever haultement Ne desplaist point tant seulement Devant la saincte Trinité. De Dieu premier est reputé Villain, Iasus ou firmamen[t],
1142	Celui qui quiert par vanité Se faire eslever haultement.
	En la terre aussi debouté Est des bons generalement

Les Paraboles Maistre Alain en Françoys

1146   Pour le fol entreprennement
          Que mis a en sa volenté;
          Celui qui quiert par vanité
          Se faire eslever haultement
1150   Ne desplaist point tant seulement
          Devant la saincte Trinité.

[IV,3]   L'eau d'une petite fontaine
          Receuë en une bouteille
1154   N'est pas mains doulce ne mains sainne
          Que l'eau d'ung grant fleuve a merveille,
          Mais meilleure ou au mains pareille,
          Mainteffois on la peut trouver,
1158   Il ne reste que l'esprouver.

          Pareillement, comme de l'eau
          Voit on du vin; aussi est il,
          Celui qui est en ung tonneau
1162   N'est pas meilleur qu'en ung baril;
          Le boire aussi en ung gentil
          Hanap d'or, d'argent ou de terre,
          Ne le fait pas meilleur qu'en voirre.

1166   Il est ainsi en cas pareil
          Du povre et du riche — en effect,
          Le povre donne bon conseil
          Aussi bien que le riche fait;
1170   Pour estre desprins et deffait
          On ne doit homme despriser,
          Le povre en qui a du bienfait
          Est tousjours digne de priser.

[IV,4] Le millan regarde sa proye
        De hault, ainsi qu'il est decent,
        Mais jamés elle ne descend
        Tant que les latz du tendeur voye.
1178   S'elle voit qu'on tende en sa voye
        Des lassons, point ne descendra
        Sus sa proye, mais attendra
        Que le chasseur s'en soit allé.
1182   Adonc quant il est reculé,
        S'il n'est fort cauteleux et fin,
        Garde n'a de cheoir ou fillé,
        Si fait bon penser a la fin.

[IV,5] Les vers venans de pourriture
        En quelque chair, sans ailleurs tendre,
        D'elle prennent leur nourriture.
        Et nous donne cela entendre
1190   Que la ou l'avare peut prendre
        Tousjours prent et fermement mort,
        Mais quant vient l'eure de la mort,
        Que sus le ver est espandu
1194   Le sel, il gist mort estandu,
        Quelque chose qu'il ait rongié;
        Ceci du riche est entendu
        Quant il a le povre mengié.

[IV,6] Le cuisinier ne loue point
        Pour la belle plume l'ouayseau,
        Le page aussi en pareil point
        Ne loue cheval pour la peau,
1202   Mais pour ung vestement tresbeau,
        Sans enquerir ne qui ne comme,

Les Paraboles Maistre Alain en Françoys

        Au temps present qui est nouveau
        C'est coustume de louer l'omme.

1206   Ce que maintenant est loué
        L'omme pour ses beaux vestemens,
        Ne vient pas qu'il soit avoué
        De vertu pour ses ornemens.
1210   Present par bons appoinctemens
        Tout ce que riche fait ou dit
        Est bien sans quelque contredit,
        Mais qui de estre povre a la grace,
1214   Quelque chose qu'il die ou face,
        Tant soit elle bonne et parfaicte,
        En tout lieu et en toute place
        On dit que c'est chose mal faicte.

[IV,7]   Que prouffite prendre vïande,
        Telle comme le corps demande
        Pour estre nourri qu'on lui baille,
        Quant par ructuatïon grande
1222   On la gette, tant soit frïande ?
        Il n'est pas possible qu'il vaille,
        La nausee le cueur travaille,
        Les entrailes lasches se deulent
1226   Quant c'est force que tout s'en aille,
        Car tousjours estre plaines veulent.

        Quant celui qui a mal ou ventre
        D'une grant douleur ne veult mye
1230   Que aucune medecine y entre,
        C'est signe que la maladie
        Plus notoirement signifie

	En bonne judicatïon
1234	Plus signe de mort que de vie,
	Se Dieu n'y met provisïon.
	Le ventre par conditïon
	Desire naturellement
1238	Avoir plaine refectïon;
	L'esprit aussi pareillement,
	Mais ce n'est pas semblablement,
	Car les vïandes naturelles
1242	Veult le ventre tant seulement
	Et l'esprit les spirituelles.
	L'esprit des choses corporelles
	Vivre ne peut aucunement,
1246	Pour ce, quant il n'y a que telles,
	Ilz sont repeuz mauvaisement.

	Tous ceulx qui hantent les escholles
	En plusieurs et en divers lieux
1250	Ne retiennent pas les paroles
	Du regent clerc ingenïeux,
	Mais souvent en y a de tieulx
	Qui non pas pour estre pourveus
1254	Hantent colleges studïeux,
	Mais seulement pour estre veus.

[IV,8]	Le beuf une fois seulement
	Est veau, et estre lui convient,
1258	Mais pour quelque envieillissement
	Qu'il ait, jamés veau ne revient.
	Le chien aussi jeune se tient
	Et est appellé caniculle,

Les Paraboles Maistre Alain en Françoys

1262   Mais depuis qu'en vieillesse vient,
        Ce n'est plus que ung vieil chien qui urle.

        Pourquoy donc l'homme trïumphant,
        Fait a la divine semblance,
1266   Doit estre fait deux foys enfant
        Et retourner a son enfance,
        Comme ainsi soit que sans doubtance
        L'estat de l'aage puerille,
1270   Qui est fol et plain de ignorance,
        Ne lui soit que une foys utille ?

        Ainsi que l'ordre le demande,
        D'ung jeune enfant ung ancïen
1274   Nature fait et le commande
        Par le decours du temps moyen,
        Mais ung retour qui ne vault rien
        A l'enfant et luy oste joye
1278   Quant il fault dire: 'Je revien
        Enfant ainsi que je souloye'.

        L'omme barbu qui bouteroit
        Souris a tirer la charrette,
1282   De tous fol appellé seroit,
        Car ce n'est pas ce qui compette,
        Que l'homme aussi d'aage complecte,
        Aiant barbe toute chanue,
1286   Multiplicatïon appette
        De force, c'est chose mal deue.

        Licitë a une voys seulle
        A l'omme seroit de enfant estre,

1290	Mais deux foys l'est, vueille ou non vueille;
	C'est force vieillesse est le maistre,
	Car en effect, soit lay ou prestre,
	C'est force qu'il fault envieillir
1294	[...]
	Une foys ou jeune morir.
[IV,9]	Quant le leu tient entre ses dens
	La brebis et le chasseur vient,
1298	Il la retire de dedens
	La gueulle ou il la [brebis] tient;
	[Mais] touteffois quant ainsi vient
	Que le chasseur l'a une foys,
1302	Ce n'est pas pour qu'il soit courtoys
	De l'avoir voulu delivrer,
	Quant, soit en champaigne ou en boys,
	La va lui mesme a mort livrer.
1306	Duquel a le meilleur marchié ?
	La brebis d'estre rachatee
	Du leu, qui son corps eust trenchié,
	Pour estre au chasseur achatee
1310	De qui est a la mort boutee ?
	Car autant, puisque mourir fault,
	Les dens de l'ung lui font assault
	Que de l'autre la delivrance -
1314	En ce cas bien petit lui vault
	Et ne lui fait gueres d'aidance.
	En plusieurs cas chose semblable
	Considere homme raisonnable,
1318	Car tel y a qui sans doubter

Les Paraboles Maistre Alain en Françoys

        Se monstre a autrui secourable
        Qui lui est faulx et decevable
        Et ne quiert que a le tormenter.
1322   Tel aussi faint bien de bouter
        Pour autre son corps en dangier
        Qui ne quiert que moien traicter
        Et façon de le dommager.

1326   Soubz habitude d'equité
        Le bien de la communité
        Alcon en son temps deffendoit.
        Touteffois a la verité
1330   Pour sa particularité
        Tant seulement il pretendoit.
        L'ung detrenchoit, l'autre fendoit,
        L'ung descolloit, l'autre pendoit,
1334   Faignant le bien commun deffendre
        Quant aucun mal on attendoit,
        Mais touteffois il entendoit
        A son bien partïal le prendre.

[IV,10] A l'aveugle qui ne voit goute
        Deffendu est que l'autre maine
        A celle fin qu'il ne se boute
        En une fosse orde et villaine
1342   Avecques celui qu'il demainne;
        Mais touteffois, combien que Alain
        Se disoit aveugle non sain,
        On ne l'a pas peu destourner
1346   Que avec soy ne ait voulu mener
        Par une voyette doubteuse

Les aveugles et leur donner
Quelque scïence fructueuse.

1350 Alain dit que esbahissement
N'a point de prendre grandement
Paines en son livre faisant,
Mais est fort esbahi comment
1354 Si pou de gens l'enseignement
De lui prennent qui est divisant.
Alan aussi est desplaisant
De celui qui dire est osant
1358 Que bien ira, sans fourvoyer,
Le chemin obscur et pesant
Qui ne fut oncques congnoissant
S'il estoit voye ne sentier.

[IV,11] En guerre Achilles se mettoit
Sans faire double aucunement,
Car fort et puissant se sentoit,
Nourry de gros nourrissement.
1366 Egistus au contraire estoit
Qu'on avoit nourry doulcement,
Foible estoit et tousjours doubtoit
Soustenir paines et torment.

1370 Qui dessus plume fait son lit
N'y peut coucher que mollement
Et prendre plaisance et delict
Sans estre couchié durement.
1374 Celui qui coustumeement
A tousjours eu choses souëfves

Les Paraboles Maistre Alain en Françoys

    Endure difficilement
    Quelques choses qui soient greves.

1378   Par pluye ou vent souvent se change
    Le visaige du laboureur,
    Et ne lui semble point estrange,
    Combien qu'il y seuffre douleur.
1382   La cuyrie aussi de doulceur
    Blanche et tendre est a coup brullee
    Quant par vehemente challeur
    De soleil elle est vïolee.

1386   Ja bien boucler ne portera
    Aux armes qui nourri sera
    De nourrissemens trop humains;
    Pareillement, entre les mains
1390   Ouayntes ja ne se portera
    Vaillamment, mais eschappera,
    Le glayve, c'est ne plus ne mains.

[IV,12] Associer ne me vueil pas
1394   A chascun, car bons et loyaulx
    On ne treuve point en ce cas
    Tous compaignons, mais souvent faulx;
    Tous cueurs ne sont pas bien foyaulx,
1398   La fin des euvres tout consomme
    Et monstre vertus ou deffaulx,
    Tout le monde n'est pas preudomme.

    Qui veult estre mon compaignon
1402   En tous sens soit tel comme moy,
    Sans se monstrer autre, si non

	Je me tiendray autre que soy;
	Je ne tien point celui pour vray
1406	Qui a quelque scïence ou art
	Ou de bien mondain a de quoy,
	Se a son compaignon n'en depart.

	Deux compaignons loyaulx ensemble
1410	Doivent avoir conditïon,
	Que a cela qui a l'ung bon semble
	L'autre ne mette objectïon,
	Mais par deliberatïon
1414	De l'ung et de l'autre acordable
	Doit aler leur opinïon,
	C'est socïeté veritable.

[IV,13]   Celui est reputé vilain
1418   Comme ung ingrat qui fait promesse
        Et met de demain en demain
        A payer et jamés ne cesse,
        La debte congnoist et confesse,
1422   Mais jamés le demain ne peut
        Venir que paier il la veult.

        Pour quoy ne multiplie anuyt
        Celui qui demain multiplie?
1426   Car aussi bien le soleil luyt
        Anuyt que demain ne fait mie;
        Ce sont termes de tromperie
        Que de dire: 'Je vous прometz
1430   A demain', quant c'est menterie,
        Car ce demain ne vient jamés.

Les Paraboles Maistre Alain en Françoys

	Jamés le demain ne sera
	Que le compromis soit tenu
1434	Et ja le soleil ne luyra
	Quant ce demain sera venu,
	Car c'est ung demain incongneu
	Qui vient sans cesser de venir
1438	Et jamés ne peut advenir.

[Bk V]

[I]cy finit le quart chapitre des Paraboles maistre Alain et commence le cinquiesme lequel procede pur chascune partie figurative par dix lignes esquelles dix lignes mettriques et latines sont contenues plusieurs diverses raisons figuratives toutes tendantes a une fin et concludentes une mesme chose ...

[V,1]	On labeure des champs au monde
	Qui ne sont pas dignes de l'estre,
	En terre sterile, infecunde,
1442	C'est folleur de semence mettre;
	Pareillement de s'entremettre
	De mettre la vigne en value
	Là ou il ne sçauroit rien croistre,
1446	Ce n'est rien que paine perdue.
	Que prouffite la terre arer
	Là ou il ne croist point de frut ?
	Que prouffite de labourer
1450	La vigne, qui rien ne produit ?
	Le laboureur de jour, de nuyt,
	Y travaille son corps et sue,

	Quel gaing y a ? Il se destruit,
1454	Ce n'est rien que paine perdue.

	C'est mieulx que la terre demeure
	Sans labourer qui rien ne vault,
	Que point la vigne on ne labeure
1458	De qui goute de vin ne sault.
	Que prent le laboureur en ault
	Se de sa terre n'a venue
	Et de sa vigne, s'elle faut ?
1462	Ce n'est rien que paine perdue.

	Mieulx vault beacoup a ung dateur
	Qui a biens mondains en ung tas
	Point n'estre elemosinateur
1466	Que les donner a gens ingras;
	Pour tant qu'on ne leur donne pas,
	Je conseillë et redargue
	Ceulx qui le font, car en ce cas
1470	Ce n'est rien que paine perdue.

	Prince qui aux mauvais fait bien,
	Combien qu'il soit de grant value,
	Jamais n'en recouvr[er]a rien,
1474	Ce n'est tout que paine perdue.

	Il est des bons a l'opposite:
	Qui leur fait des biens, il merite
	En celeste beatitude;
1478	Qui donne au mauvais, il s'irrite.
	Mais le digne tousjours s'aquite

Les Paraboles Maistre Alain en Françoys

Et n'a cure de ingratitude.
Qui de donner [si] prent estude
1482   Aux justes, avoir il dessert
Des biens en grande multitude,
Mais qui donne au mauvais [il] pert.

[V,2]   Toutes les foys que nous voyon
1486   Ung asne tiré en painture,
Et la figure d'ung lÿon,
Voulentiers nous nous en rïon,
Car ce n'est pas selon droicture
1490   Que ung regnart aussi la figure
Prenne de lÿon et la peau,
A rire cela nous procure,
Car c'est fait estrange et nouveau.

1494   Si conseile que le regnart
Pour quelque chose qu'on l'argue,
Ne soit si fol ne si coquart,
Ou qu'il se treuve en quelque part,
1498   D'avoir peau de lÿon vestue,
Car quicunque son habit mue
Par traison ou oultrecuidance,
On le repute chose indeue
1502   Procedente de incongnoissance.

Une rayne en l'eau qui nagoit
Vit ung beuf dessus la verdure
Fort grant qui des herbes mengoit
1506   Et sus le bort de l'eau rongoit
Pour y prendre sa nourriture;
Adonc la rayne par injure

	Dist que au beuf se equaliseroit,
1510	Le beuf jura que non feroit;
	Touteffois elle se esleva,
	Le beuf dist qu'elle creveroit,
	Finablement elle creva.

[V,3]   Quant la barbe de l'omme croist
        Trop, il s'en va a la maison
        Du barbier, lequel se congnoist
        A l'esrayre, c'est sa façon;
1518   Là le poil qui longue saison
        A creu, lui oste a une foys,
        Qu'il ne lui face desraison
        Quant il veult parler a la voix.

1522   Quant le rasouer a passé oultre,
        Le barbier lui doit presenter
        Ung mirouer en quoy il lui moustre
        Ce qu'il y a plus a oster.
1526   Aprés, sans l'aller emprunter,
        Doit avoir la lessive preste,
        S'il veult, pour lui laver la teste.

        Oultre, le barbier doit avoir
1530   L'eau fresche pour plunger les mains
        Et le visage aussi laver
        D'eau rose, c'est a tout le mains.
        Enfin, quant ses ouvrouers sont plains
1534   D'ordures, il doit [bien] avoir
        Le balleil pour les nettoyer.

Les Paraboles Maistre Alain en Françoys

               Le barbier nettit par dehors
               L'ordure et superfluïté,
1538   Mais il laisse dedens le corps,
               S'il y a, immundicité;
               Aussi, qui prent felicité
               A parer son corps, il se blasme
1542   Et n'est que toute vanité
               S'il ne pare aussi bien son ame.

[V,4]   Qui les vessieux de Dieu laver
               Veult, doit les mains nettes avoir.

1546   Main nette fait le vessiau net,
               Mais l'orde main ordure y met.

               La main blanche qui en boe vient
               Finablement noyre devient.

1550   Celui qui a la main bossue
               Mal me reprent d'avoir verrue.

               Qui se vouldra mocquer de moy,
               Se j'ay des verrues en la main,
1554   Oste les ulceres de soy
               Et puis s'en mocque tout a plain.

[V,5]   Ung luyteur l'autre a bas bouter
               Ne peut sans ensemble luyter.

1558   Jamés les murs de Troye la belle
               Ne fussent cheus si vitement

S'il n'y eust eu commencement
Et labeur de guerre contre elle.

1562   Qui veult estre bon, si commence
Par bonté, et il trouvera
Que bon commencement sera
Moytié du tout en consequence.

1566   Comme pourra estre euvre faicte
Qui premier ne commencera ?
Qui bon commencement fera
Aura tousjours euvre parfaicte.

1570   Il apparest en toute chose
Que commencement il y fault,
Qui bien son principe dispose
La consequence mieux en vault.

1574   Fortune ayde aux audacïeux,
Cueur hardy jamés ne se espouante
Pour chose, soit grande ou pesante,
Mais va tousjours de bien en mieulx.

[V,6]   Plus que ung cameau qui a gros ventre
Par le cul d'une aguille passe,
Le richë en paradis n'entre
Se Dieu ne lui fait belle grace.
1582   Pourquoy donc es-se que pourchasse
L'omme par si ardant envie
Ce qui son ame a la mort chasse
Et a lui mesme toult la vie ?

Les Paraboles Maistre Alain en Françoys

1586 Heureux est povre voluntaire
Et bien peut monter en lieux haulx,
Rien n'a qui le puisse retraire
Et si peut aller mons et vaulx
1590 Sans doubtance des larrons faulx,
Car c'est notoirë et appert,
Qui rien ne porte, rien ne pert.

[V,7] Par mil voyes peut aller homme
1594 Jusques a la cité de Romme.

L'ung va par les monts haults et droits,
L'autre par forests et par boys.

L'ung par devant son chemin prent
1598 Qui d'y aller scet la maniere,
L'autre qui le chemin aprent
Aucuneffois vient parderriere.

[V,8] Le corbeau desire la mort
1602 Des bestes pour avoir sa proye,
Et s'esjoÿt mais qu[ë] il voye
Vieilles bestes affoiblir fort.

Du corbiau la conditïon
1606 Ont les enfans envers leurs peres,
Leur mort attendent et des meres
Pour avoir leur successïon.

Plus encore regne ce vice
1610 En gens d'eglise, car attendre
Ne peuent que la mort vien[t pren]dre

	Aucun pour avoir son office
	Et ne crai[gne]nt point a mesprendre
1614	Pour achater ung benefice.
[V,9]	Quant le beuf cruel et felon,
	Qui est atouchié d'une picque,
	Calcitre contre l'esguilon,
1618	Pour une fois deux fois se picque;
	Le servant aussi qui replique
	Contre son maistre fait la noise,
	Mais cil qui endure l'apaise.
[V,10]	Celui qui donne a Lucifer
	Tout ce qu'il a, meuble heritage,
	Pour mettre dedens son enfer,
	N'est pas reputé homme saige,
1626	Mais on dit plux tost que l'usage
	Et voye de raison il laisse,
	Tel est et de pareil courage
	L'avaricïeux en richesse.

[Bk VI]

[C]y finit le cinquieme chapitre de ce present livre et ensuit le sixieme et final chappitre dudit livre lequel procede par douze lignes mettriques en latin contenantes pluseurs et diverses similitudes toutes tendentes a une fin ...

[VI,1]	Qui veult semer pour recueillir
	Et faire tant que la semence
	Ne puisse pas du tout faillir,
	Il fault oster en diligence

Les Paraboles Maistre Alain en Françoys

1634   Des ordures [telle] affluence
        Qui fait la semence pourrir
        Et a la terre met deffence
        Que le fruit ne puisse nourrir.

1638   Pareillement, qui en son corps
        Celui de Jesu Christ veult mettre,
        Il en doit premier tirer hors
        Tout le peché qui y peut estre,
1642   Affin que les vertus acroistre
        Par celui corps puissent en soy
        Qu'il reçoit de la main du prestre
        Par bonne et veritable foy.

[VI,2]   Homme ne scet que la vïande
        Est doulce, si, premierement,
        Il n'a enduré fain bien grande
        Qui lui donne l'entendement;
1650   De vin aussi pareillement
        Homme ne congnoist la bonté
        Si de soif n'a premier gousté.
        En cas pareil qui veult gouster
1654   Des gloires du ciel souveraines,
        Il doit de tous poins rebouter
        Arriere plaisances mondaines;
        Par adversités et par paines
1658   Ont acquis et obtenu lieu
        Les benoists saincts avecques Dieu.

[VI,3]   Mal vit qui en sollicitude
        Des biens mondains met son courage

1662	Tant qu'il en pert beatitude
	Et celestïel heritage.
	Celuy a son ayse ne dort
	Qui perdre craint totalement
1666	Ses biens et estre mis a mort;
	Ainsi est il pareillement
	De ce mondë, incessament
	L'omme doit a la mort penser,
1670	Car il scet necessairement
	Que une foys lui convient passer.
[VI,4]	Qui bon veult estre doit fouÿr
	Des mauvais la compaignie,
1674	Ne les escouter në ouÿr,
	Car vice est de telle partie
	Que a grant paine fait departie
	Du lieu ou il est une foys;
1678	Si est saige qui ne suyt mie
	La compaignie des mauvais.
[VI,6]	Tant que la verge est jeune et tendre
	Ployer la fault et mettre a point,
1682	Sans la laisser trop fort estendre,
	Car adoncques ne ploye point;
	D'ung enfant aussi en ce point
	Faire convient en sa jeunesse
1686	Et luy monstrer voye et adresse
	Telle qu'on veult finablement
	Qu'il entretienne en sa vieillesse,
	C'est tout que le commencement.

Les Paraboles Maistre Alain en Françoys

[VI,7]   Trois manieres de servitude
          Au monde y a: premierement,
          L'ung a servir Dieu prent estude
          Qui n'est point dit serf proprement;
1694   L'autre est dit serf qui seulement
          Sert aux hommes par allouage,
          Mais ce n'est que simple servage;
          Le tiers fort et empeschié
1698   Et qui le mains a d'avantage
          Est celui qui serf a peché.

[VI,8]   Pour faire une ferme muraille
          Et qu'il tienne bien fermement,
1702   Il fault que mesure on lui baille
          Par esquierre et bon fondement;
          Qui veult aussi pareillement
          Faire clerc ung jeune escolier,
1706   Premierement, lui fault bailler
          La congnoissance de ses pars
          Devant que de le travailler
          Sus les conclusïons des ars.

[VI,9]   O enfant humain, miserable,
          Il est force que tu evites
          Les grandes fureurs illicites
          De ton cueur, c'est chose damnable,
1714   Ce sont monitïons de diable,
          Qui te veult oster de la loy.
          Considere qu'es-se de toy
          Que pourriture ce n'est mon,
1718   Tous humains, et fusse le roy,
          Sont fais d'ordure et de lymon.

[VI,10]	Helas ! Pourquoy veult tant homme acquerir
	De biens mondains oultre sa nourriture
1722	Qui chascun jour ne cesse de mourir
	Et ne sera son corps que pourriture
	Si tresorde que vers n'en auront cure ?
	C'est donc a lui grande fatuïté
1726	De tant bouter en biens mondains sa cure.
	Fy du monde ! ce n'est que vanité.

        Helas ! comment se peut l'omme esjouÿr
        Là ou la mort a le tuer procure ?
1730   Helas ! pourquoy se veult il orgueillir
        Et eslever son estat hors mesure ?
        Pourquoy veult il par rapine et usure
        Subvenir tout a son auctorité
1734   Quant mourir fault et que si pou on dure ?
        Fy du monde ! ce n'est que vanité.

        On ne sçauroit a l'homme secourir;
        Quant la mort vient, c'est force qu'il endure
1738   Et ne fault point de grace requerir
        Contre la mort et sa sure morsure.
        Las ! pourquoy donc prent l'homme l'aventure
        De soy damner en eternalité
1742   Pour biens mondains ou il n'y a que ordure ?
        Fy du monde ! ce n'est que vanité.

        Prince du Ciel, donne a ta creature
        Finablement gloire et felicité,
        Car au regard de ta visïon pure,
        Fy du monde ! ce n'est que vanité.

Les Paraboles Maistre Alain en Françoys

Cy finist les Paraboles maistre Alain imprimé a Paris ce .xx. jour de mars, mil .cccc. quatre vingts et douze par Anthoine Verard libraire demourant a Paris sus le Pont Nostre Dame a l'ymage saint Jehan l'Evangeliste ou au palais au premier pillier devant la chappelle ou on chante la messe de messeigneurs les presidens.

Tony Hunt

Rejected Readings

Bk I

42. mais por 62. et l'aigneau 68. et l'aigneau 106. eaues 266. et pensee 290. fumee 316. astte 319. quilz a. 320. doubtoient 334. Du p. 351. semblance 354. plenrs 355. merancolie

Bk II

417. leve 439. gonuerner 462. sonstenir 577. des b. des b.

Bk III

692. eaues 756. clat 788. rovegnier 815. ellles 857. Cer 1003. lorgneil 1012. termes et termes et q. 1015. A t. le m. 1020. deuement 1022. modereement

Bk IV

1109. demeurer 1152. Leaue 1154. maius 1201. l. point ch. 1325. la f. 1346. avecques 1369. Sonstenir 1378. pluyes par v. 1427. my 1453. y a il il

Bk V

1466. donnes 1472. grande 1483. grant 1593. mille

Bk VI

1725. adonc

Les Paraboles Maistre Alain en Françoys

Variants from Janot

Prologue

11. Lallegane   12. paroles   13. parabolles   15. Parabolicque
17. nimplique 23. chef 25. faictz ... practicque 28.   francoys 31.
parolle 41. ayment 50. pry 51. suiure 53. parabolles

Bk I

2. saige 3. aulcune 4. en tout son aaige 5. peult r. brusler 6. lanvieulx 7. Invidieux 9. pour menger 10. couche 13. boutez 14. bois 18. luy 19. lhomme 20. pechez 21. Celuy ... saiges 22. dans 23. Celluy a. qui est p. 24. luy 25. decepuable 26. celluy lhomme 31. folle 35. inutille 36. escolle 37. faict 38. charge 41. et vieulx 42. pour 44. Nassemble ... luy 46. violance aschape 47. nechape 48. Destroicte 49. peult 50. luy 51. peult 54. luy ... jamais 55. doibt 56. peine luy 58. peult 59. faict 60. glouton 61. paresseux ... negligens 64. paresseux 67. paresseux 70. haynes et debatz 71. jamais ... destruict 72. fruyt 75. fruyt 76. debatz 77. peult 78. saige ... luy 80. peult ... parolle 81. fleche 83. peult 84. saige ... luy 91. estaindre 94. fermement 95. peult 101. refraint 103. lhomme 107. refraint 109. Voulentiers 110. Celuy 112. Voulentiers 115. Voulentiers 116. Celuy 117. Celuy 120. Celuy 122. faict 123. Celuy 124. le juste 125 (et passim). mal faisans 126. dict 127. ouvraiges faict 129. gisans 132. dict 135. faict aulcun 137. immue aulcunement 138. innundations 139. doibt 141. fueille ... voltlille 143. Agitte ... couraige inutille 144. fueille 146. de lhomme 150. rour le s. 152. charge 153. celluy 155. charge prend 157. loreille 160. loreille 161. se appercoit 162. treux donne 170. Aucunefois 172. sauroit 173. dez 174. vulpus 176. dez 178. com 179. dez 180. vulpus 181. faict 184. faict 185. avez 186. faict 187. faict 193. saiges 197. un .. un 201. esueiller 205. Celuy ... faict ... voulente 212. saige 213. saige

216. saige   217. qui fait oraige   219. homme ... saige   222. celuy 22
8. celuy   229. Quiconques   232. Quiconques ... daultruy   235. Quiconques   237. eschauffez   238. comparez   240. eschauffez   242. luy   243. eschauffez   244. comparez   249. tousiour pzpare   261. vaisseau   263. soubdain   264. vaisseau   268. neige   269. a sa torche allumee   276. ormeaulx   278. rameaulx   279. hommeaulx   280. Querant   282. baston   283. ne abbaye   289. gecte   292. nuise   293. seullement   294. nuire   297. luy   301. touteffoys   303. Jamis   304. Cygoigne   307. besongne   309. peine   311. noire   314. marastre   315. marastre   316. dyable   319. assailly   321. menace   323. menace   329. lhomme   334. Du p. ... pratique   335. leloquence   338. Celluy   339. oyseaulx   340. Vollans   341. chantz et nouveaulx   343. Voluntiers   346. tourmente   347. aucuneffoys   349. touteffoys ... rapaise   351. aymer   353. reluyst   355. folle melencolie   362. joyaulx precieulx   367. conduyt ... saige   370. dommaige   371. affrenchit

Bk II

Pref. 2 . de dautre ... cestuy   5. Cestuy

380. luy   391. seullement   392. Celluy   395. lhomme generallement   396. estoylles   399. celuy ciel primatique   400. luy   402. lhomme   410. jamais   420. tours *om.*   425. faict   431. charge   432. chet   433. peine ... descharge   435. lhomme   437. peine ... biens faitz   441. luy   447. lhomme   448. luy ... fantasie   457. luy   458. neige et froydure   459. Cestuy   460. que sa f.   462. vieillesse   463. volle   464. roue   465. faict et devaller   468. boue   469. volle   470. roue   471. Lyvrongne   472. chet p. yvrongnerie   475. lhomme en sa follie   477. jamais   479. marche   480. achaptee cherement   481. cher   482. peine cherche   483. depesche   484. qung   485. empesche   487. herbez   492. saigement   494. faict   495. dommageant   496. couraige   498. Jamais   499. sainct   507. deulx ... sauvaiges   508. sangliers   509. rencontrez   512. Doyvent   515. voyent   516. obstinez les pugnir   520. regard   523. ioyaulx   525.

Les Paraboles Maistre Alain en Françoys

ragard ... faict 530. estoylles ... delle 531. lhomme 534. luy 535. amyable 536. lyre 538. Faict 540. faict 541. faict 547. veaulx 548. thoreaulx 549. vieulx 550. faict 553. monceaulx 555. veaulx 556. thoreaulx 557. vieulx 558. garconneaulx 559. piedz haulx 563. veaulx 564. thoreaulx 566. faict 568. ioignez 570. jamais le patient 574. jamais 579. jamais ne luy 580. neige 588. fraulde 593. aviron 594. voylles 595. vistement 599. luy doyvent 600. loing 601. seullement 602. Lhomme 606. solciter 607. avoyt 611. loeil Poliphebus 612. exerce 614. celuy 621. totalle 629. luy 631. luy ... insolence 634. jeusnes 635. refraindre

Bk III

649. sainctz 650. fraulde 653. faignant 655. saintz 661. saintz 664. ratelier 665. luy ... menger 666. ratellier 667. ronger 668. callanger 670. souhaiter 671. patience 678. Jamais 680. plourer ... soupirer 681. soupireroit 687. declarer 690. Jamais 694. luy 695. fleuuues ... ruisseaux 697. ayme 698. totallement 701. chercher 703. approcher 707. peine jamais se rabaisse 713. marchez 714. Jamais malheurete 719. peine jamais se rabaisse 729. beaulte 730. assez 732. qui *om.* 735. lhomme 737. soubdainement 741. esbahyssement 743. lhomme fort s.s. 747. lhomme 748. Celluy 750. pugnissement 752. Celluy 755. celluy 757. saige 758. et donner 759. lygnorant 761. faict 765. guerdonne 767. faict 769. Comptes 773. faict 780. Celluy 782. faulcete 784. Souventeffoys 790. parolles 794. parolles 796. parolles 798. advocatz 799. parolles 801. estatz 802. parolles 807. Gregoys 808. jamais 810. eschaitz 811. oyseaulx 812. Et hua 813. inutille 816. assez 817. faict 818. Aucunneffoys 822. regecter 824. Aucuneffoys 829. gecter 834. y le 837. tourment 840. batre 842. depart 844. rapaiser 847. Faict 853. faict 856. rabaisser 857. Car ... verre 859. Faict 862. dedans 864. discerne 874. fouier 876. orgueilleux 877. dedans 878. dedans 880. fouier 882. pallier 883. tieulx 884. luy 886. fouier 888. orgueilleux 899. nia 903. Beaucoup 907. sans 909. Beaucoup 915. Beaucoup 928. loyaulx 929. faict 931. mys 932. ennemys 934. loyaulx

amys 936. permis 937. ayt 940. loyaulx 945. luy 956. chassieulx 957. collere 963. collere 964. cercher 966. Celluy ... tresbucher 968. desjoint 971. veine 972. peine 977. peine 978. jamais 981. luy 982. ou m. 983. vaine ... peine 984. dautruy 989. vaine ... peine 990. jamais 1003. enrichy 1008. lappelle 1022. modereemen 1029. veullent ... charge 1049. toylle 1062. faict 1064. verre 1065. lhomme a folle oppinion 1068. circuyt 1074. gecter 1076. sen e. 1077. gecter 1084. ysnel 1088. lhostel

Bk IV

Pref. 5. apparoistra

1096. tirer 1097. pied de lhomme 1103. pied 1105. coulpes 1108. delles 1109. seulement 1110. peines 1111. Lhomme 1113. cent 1115. Seulle ... lhomme 1116. luy 1130. danger 1136. Celluy 1138. seullement 1142. Celluy 1145. generallement 1147. voullenté 1148. Celluy 1150. seullement 1154. saine 1156. aumoins 1161. Celluy 1176. jamais 1184. choir 1192. lheure 1195. ronge 1196. Cecy 1197. menge 1199. loyseau 1200. paige 1205. lhomme 1207. lhomme ... beaulx 1210. appointemens 1213. destre 1220. nourry ... luy 1225. deullent 1227. veullent 1228. celluy ... au v. 1229. doulleur 1231. malladie 1242. seullement 1248. escolles 1250. parolles 1253. pourveuz 1255. seullement ... veuz 1256. foys seullement 1257. luy 1259. jamais 1263. qung 1265. Faict 1266. faict 1270. ygnorance 1271. luy 1274. faict 1280. Lhomme 1285. ayant 1288. voix 1289. lhomme 1292. prebstre 1298. dedans 1300. Touttefoys 1305. luy 1306. marche 1308. trenche 1312. luy 1314. luy 1315. luy faict g. daydance 1319. autruy 1320. duy 1321. tourmenter 1324. moyen 1329. Touteffoys 1331. seullement 1332. detranchoit 1336. touteffoys 1341. villaine 1342. celluy ... demaine 1343. touteffoys 1352. Peines 1353. esbahy 1354. peu 1355. luy 1357. celluy 1359. yra 1369. peines et tourment 1371. couher 1373. couche 1374. Celluy 1376. difficillement 1377. soyent 1378. si ch. 1380. luy 1385. viollee 1387. nourry 1390. Oyantes 1391.

Les Paraboles Maistre Alain en Françoys

eschapera 1393. vuell 1397. feaulx 1398. oeuures 1400. preudhomme 1405. celluy 1415. aller 1417. Celuy 1418. faict 1420. jamais 1422. jamais 1423. payer 1425. Celuy 1431. Jamais 1434. luira 1439. jamais

Bk V

1441. infecnude 1446. peine 1450. produyt 1453. destruyt 1454. peine 1462. peine 1463. beaucoup 1466. ingratz 1470. peine 1471. faict 1474. peine 1476. faict 1486. paincture 1488. Voluntiers 1490. regnard 1493. faict 1494. regnard 1499. quiconques 1500. trahyson ou oultrecuydane 1502. incongnoyssance 1504. Veit 1505. mangoit 1511. Touteffoys 1514. lhomme 1517. raire 1519. luy 1520. luy 1523. luy 1524. luy 1528. luy 1530. plonger 1535. baleil 1538. dedans 1539. Sil va 1544. vaisseaulx 1546. faict le vaisseau 1547. lordure 1548. boue 1549. noire 1550. Celuy 1556. luiteur 1557. luiter 1558. cheuz 1565. Moitie 1566. oeuvre 1569. oeuvre 1573. mieulx 1574. aide 1575. jamais ne se espouente 1579. esguille 1581. luy 1583. Lhomme 1585. luy 1595. montz ... et droitz 1596. forestz 1603. sesiout 1605. corbeau 1616. atouche 1617. lesguillon 1619. replicque 1620. faict 1622. Celuy 1623. heritaige 1624. dedans 1626. lusaige 1628. couraige

Bk VI

Pref. 1. cinquiesme ... ensuyt 2. dudict 3. plusieurs

1635. faict 1637. fruict 1639. Celuy 1643. celuy 1644. prebstre 1649. luy 1655. pointz 1657. adversitez ... peines 1659. benoistz sainctz 1661. couraige 1663. heritaige 1664. Celluy 1665. totallement 1669. Lhomme 1671. luy 1676. peine 1694. seullement 1697. empesche 1699. celuy 1702. luy 1705. escollier 1706. luy 1714. dyable 1725. luy 1728. lhomme 1734. peu 1739. seure 1746. regard

Tony Hunt

Expl. Cy finist les paraboles maistre Alain nouvellement Imprimez par Denys Janot pour Pierre Sergent et Jehan Longis demourant a Paris

Les Paraboles Maistre Alain en Françoys

Commentary and Notes

Biblical references are to the Vulgate. Abbreviations: DLMF: G. di Stefano, *Dictionnaire des locutions en moyen français* (Montréal, 1991); T (Thomas Maillet) (BNF f. fr. 12478).

Prologue

1. Cf. C.M. Hedrick, *Parables as Poetic Fictions: The Creative Voice of Jesus* (Peabody, Mass., c.1994); J. Drury, *The Parables in the Gospels: History and Allegory* (London, 1985); W.S. Kissinger, *The Parables of Jesus: A History of Interpretation and Bibliography*, ATLA Bibliography Series 4 (Metuchen, N.J., 1979).

30. The usual construction is *desroguer à* or *de*, meaning 'to depart from, to detract from', but the verb may be used with a direct object to mean 'to diminish, to slight'.

32. The translator emphasizes his fidelity to his source, evidence of which he has provided, it is implied, by accurately translating the prose introduction (commonly found in Latin MSS) of the *Parabolae*. See our Introduction, p.10ff.

35. The natural interpretation is to take 'devier' in its intransitive sense ('if I err', cf. l.95), but this would then entail a preposition before 'general et particulier'. An alternative would be to take it in a transitive sense and understand 'if I leave aside (evacuate, discard) (anything) general and particular'.

44. Hence the translator renders verse for verse ('le texte') and prose for prose ('les commens').

55. The translator displays obvious respect for Alan of Lille's accomplishment, as well as religious reverence, in addition to the dedication to Charles VIII.

*

1. The prose commentary explains: '[A]insi doncques par les dessusdits vers est monstré qu'il n'est si scient en tout le monde qui ne soit subject

a la mort et qu'en la fin l'omme ne peut donner a son successeur la science qu'il a ou la retenir plus que Alain qui sceut toute chose scibile, ainsi que par ses euvres bien appert, desquelles est l'une ceste cy qui commence *A phebo phebe* etc. ... et ce nous enseigne le poete moral Chaton disant: *Disce sed a doctis indoctos ipse doceto* — Apren et retien la science des sages et enseigne les nonsçavans' (IV,23a).

5. '[E]n l'autre parabole ensuivante cy aprés dit le commentateur que en Cicille il y a une grande montaigne nommee Ethna qui est sulphureuse, tousjours brulante et si ne peut le feu de ceste dicte montaigne porter quelque dommage ne nuysance aux autres montaignes qui sont auprés d'icelle. Et pour tant maistre Alain acteur de ce present livre compare a ceste montaigne ung homme envieux de ce monde ...'

9. 'Par quoy dit Alain interrogativement, puis que ainsi est que naturelle inclination incite la beste irraisonable a ce faire et se lever de son pollut, pour quoy es-se que jamés ne se leve l'omme involut de peché pour demander a Dieu grace ? Et en ce sont vitupérés les obstinés en leurs vices qui jamés ne se veulent amender'.

13. '... dit Chaton: *Sensus puerilis in illis est* (*Dist.* IV,18b). Aux anciens et trop debilités d'aage retourne le sens puerile et sans discretion par quoy on ne leur doit point reveler le secret que on veult retenir'.

21. '[P]ar la subsequente parabole nous instruit l'acteur de refrener nostre langue et ne dire pas aux loquaces et adulateurs les paroles qui sont a taire ...' The phrase 'au plain de langaiges' (23) renders literally 'verbis pleno ... viro'.

25. '[E]n ceste parabole nous instruit Alain de plus amer noz compaignons', a slight oversimplification of both the French and the Latin, which emphasize 'friend of long standing'.

29. 'La parabole qui ensuit nous enseigne fuyr et eviter, en tant que possible nous est, la compaignie de femme dissolue ou suspecte, disant que quelque belle promesse ou certification que telle femme donne a l'homme, si n'y a il point de foy en elle fors d'apparence, ainsi que par similitude l'omme peut veoir apparentement sa forme en ung miroir'.

37. 'Nous instruit Alain a totalement fuyr peché posé qu'il soit veniel ...'

Les Paraboles Maistre Alain en Françoys

49. Alan is said to praise 'les notables clercs et predicateurs' for dispensing their knowledge. J refers to 'les bons predicateurs de Jhesuchrist' and at the end replaces V's 'ung notable docteur ou clerc' with 'ung vray fidelle en Jesuchrist'.

50. The qualification 'lui ou son serviteur' (for 'pincerna') rather spoils the parallelism with 'ung notable docteur', which renders 'unus homo'.

53. 'Gouffre de mer' represents Scylla of the original. Cf. the explanatory translation in T: 'Ung peril de mer dist Scilla'.

57. The phrase 'quelque chose friande' appears for 'corio ... uncto' of the source. The second couplet is a rather free interpretation of 'nec nebulo disco dum satietur eo', which itself is in parallel with the first line 'Non levite corio canis trahitur ab uncto'. The commentator remarks that here 'sont blasmés et vituperés les glotons', who resemble 'ung chien qui mengut ung cuir gras ou aucune viande', and of whom it is commonly said 'qu'ilz ont les yeulx plus grans que le ventre'.

61. The commentary summarizes: 'soubz ung prelat negligent le diable, qui est tres mauvais, devore les chrestiens; soubz ung paresceux et negligent chief de guerre sont faictes les perditions'.

77. 'Le cueur du sage' is substituted for 'cor meum'. In the commentary the interpretation offered is that just as no steel is so hard that it is not penetrated, so no 'amoderé homme' is so calm as not to be affected: 'Et pour ce dit on en commun proverbe que pis vault de langue le coup qu'il ne fait de lance biacoup [see *DMLF* 203c and 474a]. Par quoy les detracteurs et trop habundans en langage sont moult a haÿr tesmoing le Psalmiste: *Vir linguosus non diligetur in terra* — L'omme plain de langage ne sera ja amé en terre' [*Ps.* 139,12 *dirigetur*]. J offers the variant: 'Que coup de langue vault pis / Que coup de lance au pis'.

93. Here, the commentator tells us, 'collaude maistre Alain la vertu de esperance' and in the process 'les adversités du monde sont comparees aux inundations de la mer'.

101. Here, the commentator continues, 'collaude l'acteur la vertu de raison et de attrempance'.

109. 'Icy consequentement par une autre petite parabole corrige et reprent maistre Alain les obstinés en leur peché ... Et dit ainsi l'acteur par

	parabole que on voit souvent les vieilles cicatrices retourner en playes nouvelles et aucuneffois pires que devant'.
121.	'Et est ainsi l'ortie qui de sa nature est chaude, s'elle a des roses fragrantes et belles auprés d'elle, elles deseicheront et par sa vehemente chaleur les brulera tant que plus ne auront de odeur'.
125.	The commentary includes the following reference: '... car ainsi que testifie l'Escripture ou il est dit: *Cum sancto sanctus eris et cum perverso perverteris* — Avecques le sainct sainct tu seras et avecques le pervers tu te pervertiras' [2 *Reg.*22,26–7; *Ps.*17,26–7].
133.	The commentator concludes that the just man 'doit resister aux variations de Fortune et du monde qui sont acciduelles et fluctuent ainsi que les eaues'.
165.	The commentator underlines the contrast which is only implicit in the text: 'Mais il est tout a l'opposite du mauvais' (VJ), although only in Vérard does the commentary begin 'Ensuite une similitude donnee par opposite contre les mauvais'.
173.	The commentator remarks that 'le hazart' has 'ceste preminence' that one never gains 'sans grant paine ou coustage'. The historical reference is explained as follows: 'Ung homme nommé Vulphus qui fut ung grant joueur de dés et de cartes et de fait le veoit on aucuneffois fort riche et abundant d'argent, l'autre fois tout povre et changant souvent son estat de richesse et en povreté et de povreté en richesse, mais, quelque chose qu'il fist en la fin, en demeura si povre que il mourut presque de fain. Ainsi est le jeu dangereux. Aussi l'Eglise le defend comme dit le commentateur de ce livre qui met en ung petit vers magistral: *Ludere cum tallis non est res spiritualis* — Jouer aux dés n'est pas chose spirituelle' [H. Walther, *Proverbia* 14022].
181.	'[P]our monstrer evidentement, comme maistre Alain veult monstrer, que c'est de la variableté de Fortune par une comparaison qu'il fait ... il est a noter qu'il y a ung lieu perilleux en la mer nommé Caribdis qui est de telle nature que tout ce qu'il reçoit dedans soy incontinent il le vomit. Et a cestui dangier compare maistre Alain Fortune, laquelle donne et oste ses biens aux hommes ... et en ce est monstré que le train de Fortune est tres variable et n'y a point de seureté'.

Les Paraboles Maistre Alain en Françoys

189. '[A]utre comparaison assés joyeuse en quoy l'acteur compare train d'amours aux cendres et tysons ... Aussi font amours quant ilz ont esté une espace de temps destainctes, il n'y scet avoir si peu de souvenance, mais qu'on y mette la pensee qu'ilz ne reschauffent plus que devant'.

205. The translator drops his source's nautical metaphor 'Non perit ipse sua qui propria navigat aura'. The commentator, however, retains it and explains: '[C]y aprés en l'autre parabole monstre que c'est que liberté, tant en richesse que en povreté. Et dit que celui qui nage a son propre vent, c'est assavoir qui use de sa propre volenté, ne perit pas tousjours. Semblablement ne fait pas celui qui est contraint de vivre en povreté, pourveu que de sa povreté il puisse user a son apetit, ainsi que par exemple familier nous pouvons considerer que aussi grant plaisir a le povre laboureur des champs vivant ainsi qu'en mendicité, qu'on le laisse joyr de ce qu'il a paisiblement, comme le plus riche qui soit, et aussi en son endroit est autant ou plus gref de sa petite perte que le riche de sa grande. Et pour ce est ce ung grant plaisir a tout homme, soit riche ou povre, de user de liberté, car elle est moult a louer. Et pour ce dit bien Virgile quant il met: *Non bene pro toto libertas venditur auro* — Pour tout l'or du monde ne sçauroit bien estre vendue liberté'. The quotation is not found in Virgil.

221. 'Par l'ensuivante parabole sont redargués ceulx qui promettent la chose qu'ilz ne peuent pas faire, qui est une espece de jactance et menterie vilaine a toute personne ...'

229. '... celui qui prent don de autrui est comparé a la femme qui conçoit laquelle n'est digne de ce faire si n'est pour rendre et produire l'enfant quant temps sera ...' Hence the ungrateful 'sont ainsi que le pourceau que jamés grace ne rent a son maistre pour nourriture qu'il lui donne et ne l'en congnoist plus que ung autre, ce qui est a l'opposite de toutes autres bestes. Car qui auroit nourry ung lyon ou ung chien ou quelque autre beste sauvage si congnoistroient ilz ce qui leur auroit ce fait, ce que non [fait] le pourceau, et tel est l'omme ingrat qui ne congnoist bien qu'on lui face'.

245. 'Clo ton sain, c'est assavoir ta conscience, affin que le venin du vipere, c'est a dire du diable, n'y entre'.

261. A new metrical form is now adopted. Here 'ceulx qui ont la pensee trop ligiere' are likened to 'ung vessiau cassé lequel espant tout ce que dedens lui on met. Pareillement font ceulx qui ont trop vollage cueur et dont la

pensee est ebetee. Ilz ne retiennent aucune doctrine qu'on leur baille et se ainsi est qu'ilz la recevent, tant sont ebetés d'entendement et volages que point ne la retiennent mais la perdent'.

268. '[E]n la facecie consequente compare maistre Alain la bonne renommee de l'homme a la naige ... ce nous apprenne le vers magistral ou il dit: *Fama boni lente volat invidia retinente, / Fama repleta malis velocibus evolat alis* [H. Walther, *Proverbia* 8819] — La renommee de bien vole lentement retenue par envie. Car la nature des hommes est telle que quant l'ung voit l'autre prosperer, c'est bien de merveille s'ilz n'en sont envieux. Et pour ce a tart publient et manifestent les bienffais les ungs des autres ...'

275. 'La parabole ensuivante monstre comme necessité contraint l'omme et aussi comme charitablement devons subvenir les ungs aux autres'.

281. See *DLMF* 576a.

282. Although the commentator sees that the lesson is a condemnation of lying ('qui sus tous autres [sc. vices] est diffamable'), he rather confuses the issue by reporting 'Et pour ce dit on en commun langage que plus tost se garderoit on d'ung larron que d'ung menteur'.

289. The commentator records that here the envious man is compared 'au tuyau et gueule d'une cheminee', curiously adding the following exoneration: 'Et si aucunement feu en est veu saillir, c'est par accident de la trop grant vehemence du feu qui est au bas, lequel excede la haulteur de la cheminee et semble qu'elle gette feu, mais ce ne procede point d'elle, car elle est seulement ordonnee pour getter fumee ... Et si ainsi est que l'envieux aucunement nuyse, c'est par accident, par faulte de inquisition ou autrement et non pas de soy'.

303. Along with other, Latin, commentators our commentator confusingly identifies the *ibis* as the heron and *ardea* as the stork: '... ung heron et a une ardee, c'est a dire a une cigoigne'. He continues 'Le heron a ceste proprieté de tousjours garder son bec et la cigoigne garde son cul pour tant qu'elle a courte queue. Ainsi il est d'ung homme vicieux, depuis qu'il est succumbé des vices il ne les veult jamés laisser que ce ne soit a grant paine et difficulté'. The commentator thus shares the French translator's interpretation of 'rostrum' as the bird's beak, rather than the prow of a ship, and bases himself, with the translator, on the accompanying Latin text's reading 'anum' rather than the 'amnem' of

Les Paraboles Maistre Alain en Françoys

many Latin MSS. An alternative reading would be that 'Non ibis rostrum, non ardea deserit amnem' indicates the reluctance of either bird to abandon its customary location, thus providing the point of comparison with the average man and vice.

306. One might take *aloigne* as intransitive with *il* referring to *bec*, or as transitive = *il l'alloigne*.

310. '[I]cy aprés met Alain une parabole et compare la seconde femme espousee d'ung homme lequel a des enfans a une noyre nuee qui passe par soubz le soleil. Celle seconde femme selon les compositeurs du latin est appellee 'noverca', c'est a dire marrastre ou novercque, nouvelle arche ou contraignante nouvelles choses'.

317. 'et dit le commentateur que menasses ne procedent point de grant vertu, mais seulement sont faictes pour espouanter celui qu'on ne ose assaillir'.

324. The interpretation given in lines 327–30 is entirely the work of the translator and is echoed by the commentator: '[E]nsuit une autre parabole en quoy maistre Alain, l'acteur de ce livre, monstre comment ung homme sage ne peut jamés estre supperé d'ung autre qui rien ne scet et n'est point vertueux. Mesme comme celui qui aucunement est vertueux ne peut supperer l'autre plus vertueux que soy et dit ainsi: Les estoilles ne peuent adjouster splendeur au soleil comme ainsi soit que la lumiere et clarté du soleil suppere et excede toutes lumieres. Pareillement, les peu sciens et mains vertueux ne peuent superer la vertu et sapience des tresscientifiques ne leur adjouster aucune vertu'.

331. The translation bears little literal similarity to the Latin. The commentator retains the Latin original's reference to Cato and explains: 'Si tu es Chaton, c'est a dire homme sage et plain de prudence ayant voulenté de muer les choses noyres en blanches, c'est a dire ayant aucun art ou science avecques practique par quoy tu pusses faire choses nouvelles non acoustumees a chascun et admiratives, comme de muer blanc en noir ou noir en blanc, tu dois avoir regart et curiosité aux choses qui te sont utiles et prouffitables ... Et par cecy enseigne et demonstre maistre Alain, acteur de ceste parabole, a toutes manieres de gens usans de art et practique nouvelle, comme rhetoriciens et gens usans de rigmatures et choses plaisantes a veoir et ouyr comme joueurs de farces, moralités et toutes autres choses de joyeuseté. Toutes ces dictes personnes doivent chercher et querir lieux et places là ou leur science practique et habilité puisse plaire et que aucun bien et utilité leur

en puisse advenir comme les grans cités et villes, les cours des grans princes et seigneurs, là ou il y a des gens de plusieurs sortes et diverses manieres qui ne quierent et demandent que passer temps et ouyr choses solacieuses et plaisantes. Car ung rhetoricien, quelque beau diseur qu'il fust ne elegant, en ung petit chasteau ou en ung village ou petite bourgade ne pourroit gueres acquester ne prouffiter. Et tout ainsi est il des autres sciences et practiques. Et pourtant dit l'acteur qu'il fault a ung chascun homme sçavant querir lieux opportuns et propres pour sa science et practique'.

345. The translator follows the Latin reading 'silvis' where many Latin MSS have 'fulvis' ('Impetus est silvis et vasta leonibus ira'). The commentator follows the translator's interpretation: '[I]cy aprés consequentement par une aultre parabole et similitude demonstre le dessus nommé maistre Alain, acteur de ce livre, aux hommes comme ilz doivent subvenir les ungs aux autres en necessité, tenir societé et amour fraternelle ensemble'. The commentator explains that in a high wind the trees in the forest knock against each other ('frapent rudement les ungs contre les autres'), but that when the storm dies away, they remain tranquil. So lions sometimes fight, but are reconciled afterwards. So 'par plus forte raison le doivent faire les hommes entre eulx qui oultre judicative [J = judicature] naturelle ont le jugement de raison'.

352. We are exhorted not to despair when faced with the adversities of this world: 'Et aussi le Psalmiste nous dit une belle auctorité qui a ce nous admonneste: *Qui seminant in lachrymis in exultatione metent* — Ceulx qui sement en larmes recueilleront en exultation et joye [*Ps.* 125,5], c'est a dire ceulx qui auront porté paciemment les miseres et adversités du monde trouveront joye et exultation parfaicte en paradis'.

359. The translator drops the allusion to Caesar's grave: 'et tumulus vix erat octo pedum'.

[II]

373. I have resisted positing a missing line between 374 and 375 (thus making the stanza a douzain like the following one, but with a different, and still unique, rhyme scheme), as the sense is complete as the text stands, and there seems little scope for intervention. The transmission may well be faulty, however, since there is no rhyme for the first line (cf. the isolation of line 1184 in its stanza). The commentator observes: 'En ceste premiere parabole nous enseigne l'acteur a resister virilement

contre les vices. Et dit que nous avons une merveilleuse bataille en nous, c'est assavoir de nostre chair, c'est a dire de nostre sensualité contre nostre ame. Et dit maistre Alain que la chair et l'esperit en nous combatent et estrivent l'ung contre l'autre tout ainsi que le jour contre la nuyt ...'

384. 'En la seconde parabole de ce chapitre redargue Alain l'omme de la ville condition'. Man has been greatly endowed by God 'ainsi qu'il est escript: *Signatum est super nos lumen vultus tui, domine*: Sire, Dieu, dit David, la lumiere de ton viaire est signee sus nous [*Ps.* 4,7] ... *Angelis suis Deus mandavit de te ut custodiant te in omnibus viis tuis*. Dit David, parlant a l'omme, "Dieu a mandé de toy a ses anges qu'ilz te gardent en toutes tes voyes" [*Ps.* 90,11] ... *Omnia subiecisti sub pedibus eius* — Sire Dieu, dit David, tu as donné une belle preminence a l'omme qui [= cui] as assubjecti toutes choses soubz ses pieds [*Ps.* 8,8]...'

397. The translation seems rather confused, the source having simply: 'Ethereus motus movet omnia sidera preter / unum, sed semper permanet illud idem'. The readings of the translation, however puzzling, would appear to be confirmed by the metre. The epithets 'antartique', 'primartique' and 'tresautentique' seem to apply to the unmoved star which is apparently referred to as 'ciel'. In the commentary the 'pol antartique' is said to be 'ainsi ... fiché que l'aisseul d'une roe'. The wise, constant man will be equally fixed and steady in love and will never undertake it unless he knows it is right.

414. The picture presented resembles the traditional depiction of the operation of Fortuna and her wheel.

420. 'Alain ... enseigne eviter et fuyr les haults honneurs du monde'.

422. Cf. John Bunyan's 'He that is down needs fear no fall' (*Pilgrim's Progress*).

424. 'Et est ce que dit l'Evangile: *Nemo potest duobus dominis servire*, c'est a dire que nul homme ne peut suffisantement servir a deux seigneurs qui sont ennemis [*Matth.* 6,24; *Lc.* 16,13].'

431. The man weighed down with sin can do nothing 'jusques ad ce que ce fardeau de vices luy soit osté par une amere contriction de cueur avecques bonne repentance de tous ses pechés, satisfaction et vraye penitance'.

441. '[C]onsequentement ... lui [sc. le marinier] est souvent force et contrainte de la [sc. navire] mener tout a l'opposite par l'inquietation des vens impetueusement agitans la mer'.

455. 'Ensuit une autre belle parabole ... et pour ce dit le metrificateur en ung petit vers magistral: *Disce puer dum tempus habes evo juvenili / ne doleas si pauca scias etate senili*—O tu jeune enfant, apren doctrine et estudie en ton aage juvenile tant comme tu as le temps affin que tu ne te repentes et soies dolent en ta viellesse de peu sçavoir, car c'est honte' [H. Walther, *Proverbia* 5873 and *Initia* 4539].

471. The commentator observes: 'maistre Alain ... dit ainsi par maniere de appologe que ung yvroigne adonné a crapulosité tant que contraint est a vomir, au devant qu'il vomisse il convient qu'il ait fort beu. Au devant qu'il nausee et qu'il face de grandes ructuations il convient qu'il ait fort mengié ... car nous appetons corriger et enseigner autruy comme maistres devant que nous sachons rien et desirons estre maistres avant que serviteurs qui est une chose treslaide ainsi que dit Boece de la Discipline des escoliers: *Turpissimum est magistrari qui nunquam noverit se subici*—Treslaide chose est a l'omme de soy dire maistre qui jamés ne congneut qu'il fust subject' [O. Weijers (ed.), *Pseudo-Boèce, De disciplina scolarium* (Leiden / Köln, 1976) 2,1 'qui non novit se subici, non noscet se magistrari. Miserum autem est eum magistrum fieri, qui numquam novit se discipulum esse'].

483. The translator has not rendered the source with the clarity which might be desired. The sense is 'When one gets through a transaction quickly, it is a pleasure, but when one is importuned [i.e. held up by long haggling] one regards the cost as exorbitant'. The sense is captured in the contrast 'depeschié' and 'empeschié'. In the Latin the contrast is, rather, between the common rules ('legibus') of the market-place on which the buyer and vendor agree and the drawn-out, blush-inducing wheedling—'fronte rubente preces'—of the more private transaction.

493. The first two lines of the Latin are not wholly clear: 'Follibus inclusas faber *improbus* excitat auras / Dum ferrum durum molliat ipse focus'. This seems to belittle the smith whose achievement is really the work of the fire itself, but it has little apparent relevance to the ensuing notion that anger in a fool only weakens him, unless we see an implication that the smith's exertions are unnecessary and dishonest, the result of his being 'improbus', i.e. he pretends that he is doing all the work. The commentator explains the moral sense as follows: 'Semblablement, quant ung homme met en son cueur aucune hainne ou fureur, le mauvais

fevre, c'est assavoir le diable, qui le veult amollir, c'est assavoir anichiler du tout, vient souffler avecques cestui vent de fureur enclos et tant eschauffe le cueur du fol qu'il le fait amollir et deperdre tant qu'il est tout anichillé'.

505. The commentator explains that the 'onagres' or 'asnes sauvaiges', when they hear the huntsman, flee and 'saillent hors de leurs lacebres'; even the wild boars, which are wild and cruel, also flee, for the boar fears the tooth of the dog and knows that if the dog reaches it, it is dead. So it is with the priests and clerks and the 'chasseurs d'eglise', that is, 'ceulx qui doivent chasser pour prendre les ames qui sont en la forest de pechié et en faire venaison devant Dieu. Et pour ce faire doivent crier et corner a haulte voix contre les vices ainsi qu'il est escript: *Clama ne cesses* [*Isai.* 58,1] — Crie tousjours contre les vices sans cesser, c'est ce que doivent faire les prestres. Et s'ilz voient que le senglier, c'est assavoir le pecheur vil et ort devant Dieu, pour leurs clamations et crys ne vueille soy lever de la fange de peché, ilz lui doivent bailler la dent du chien, c'est assavoir l'accuser a justice qui deuement en face la punition et selon rigueur'.

517. The commentator explains that Midas, for all his wealth and power, was 'vicieux' and full of sin 'que toutes gens de bien le desprisoient. Et lui estoit reputee la beatitude des biens mondains pour infelicité'.

520. The repetition of 'possession' at the rhyme seems suspect and hardly provides an adequate translation of the source, the text of which ('dives / Auro, sed vite conditione miser') suggests the emendation 'condition'.

527. The basis of the comparison is indicated lexically by 'departir' and 'depart'.

535. Neptune gives to the seething sea 'par sa puissance et auctorité deifique temperation. Pareillement, le prince ou seigneur qui a domination sus autrui, voiant ses subjects motifz et litigieux l'ung contre l'autre, il les doit corrigier'.

543. The commentator attenuates the source's '... dominus faciat feritate timeri, / Qui regimen magne gentis habere cupit', and explains 'il les doit corriger ...' (see above).

547. The commentator notes 'on voit plus tost mouvoir noyse entre coquins et bellistres que entre gens de façon et de honneur'.

568. The Latin source makes no reference to two bulls of different temperaments being yoked to the same plough: 'Impatiens aratri si bos jungatur aratro, / Tortam non rectam carpit arando viam'.

592. The commentator observes 'On ne sçauroit mener legierement et passer une petite nef comme une gallee ou navire de marchans que on nomme liburne en la grant mer sans aucuns avirons ou sans voilles'.

600. The translator is responsible for the gloss 'qui cent yeulx avoit' (607). The commentator explains: 'Par Juno est entendu celui ou celle qui quiert conseil et bailler veult le secret de son intention a l'opinion de autruy. Par Argus sont denotés les sages qui ont beacoup veu et quant ilz voulent conclure(nt) aucune chose, regardent a toutes fins avecques cent yeux, c'est assavoir avecques cent considerations, par quoy la vache Juno, c'est assavoir le secret de la personne, leur doit plus tost estre baillé a discuter que a Polliphebus qui n'a que ung oeul et ne peut regarder que a une partie tant seulement'.

[III]

647. Line 647 recalls a number of proverbial expressions, cf. DLMF 760a 'Renart hermite' and 'aussi convenable qu'un renart en ung hermitage'. The commentary includes 'Tesmoing la parole de Dieu qui dit: *Nolite attendere a falsis prophetis qui veniunt ad vos in vestibus ovium interius autem sunt lupi rapaces.* Dit Nostre Seigneur [*Matth.* 7,15], parlant aux Crestiens, "Ne attendés point des faulx prophetes, c'est a dire ne croyés point aux faulx ypocrites qui viennent a vous en habit et vestemens de ouailles", c'est assavoir en maniere et contenance de simplicité et de vertu, "car par dedans ce sont loupz ravissables querans par leur simplicité fainte et sophistique faire adorer et estre reputés saincts"'.

648. '[E]n ceste seconde partie ou parabole de ce chapitre ...', the commentator preaches the lesson 'Be content with what God sends you'. Acting like the goats gnawing wood is better than desiring what you cannot have. Man desires 'vins, viandes et amoureuses refections', but we must content ourselves with less than this, for 'est folie de desirer choses vaines, car on ne peut avoir que ce qu'il plaist a Dieu de sa grace donner'. The translator substitutes 'rastellier' for the simple 'lignum' ('stake') of the source.

Les Paraboles Maistre Alain en Françoys

692. The commentator points the rather stark moral 'Et fault que le povre demeure en sa necessité, car il n'y a de quoy se lever et fuyt richesse de lui ainsi que fait l'eaue la montaigne ou jamés ne peult arrester'.

720. Another *apo koinou* construction embracing lines 720–22.

725. The fact that weather is so variable 'n'est point une chose admirative', that is, is not surprising, for God willed it thus: 'Mais c'est une chose fort admirative des vagues courages des hommes, qui si peu de chose sont, comme ilz sont tant variables, congneu que Dieu le deffent'. It is not clear why 'mer' (734,746) has been substituted for 'vent' (720,727). The 'temps' of line 739 is closer to the Latin, though the enjambement between stanzas is very unusual.

748. A familiar topos of the importance of broadcasting one's knowledge (see next note). On the subject of thieves the commentator observes 'Et dit ainsi que le larron qui furtivement prent les biens d'autrui n'est point puni par autre loy que celui qui les prent latrocinantement, car tous deux sont larrons et n'y a seulement difference de furt et larrecin si non que l'ung se fait de nuyt et l'autre de jour'. The commentator notes 'Touteffois la fin intentionale de tous les deux qui est ravissement indeu des biens de autruy est larrecin, por tant par une mesme loy sont ilz punis'. The avaricious man who buries his treasure in a field and the man who has gifts from God that he does not employ to His greater glory should be punished by the same law. The conclusion is 'affin que Nostre Seigneur Dieu ne nous appelle nequicieux et mauvais serviteurs nous devons tirer et multiplier le talent qu'il nous a baillé'.

757. See E.R. Curtius, *European Literature and the Latin Middle Ages* tr. W.R. Trask (London, 1953), pp.87f.

776. *Les Cyrenes* are 'aucuns perilleux passages de mer' and represent 'des decepcions et cautelles du monde' which the commentator identifies as follows: 'Trois ennemis incessamment vigilans pour nous decevoir, c'est assavoir le monde, la char et le diable, ainsi que dit le metrificateur: *Nocte dieque tuis tria sunt herentia costis : Immundus mundus, furiosa caro, ferus hostis* [H. Walther, *Proverbia* 17058] — De nuyt, de jour, dit le metrificateur, nous avons a noz costes le monde immunde, la char furieuse, le cruel Ennemy', qui ainsi qu'il est escript: *Mundus, caro, demonia / diversa movent prelia* — Le monde, la char et les diables meuvent diverses batailles et assaulx' [see S. Wenzel, *Mediaeval Studies* 29 (1967), 58 and G. Naetebus, *Die nicht-lyrischen Strophenformen des*

Altfranzösischen (Leipzig, 1891), p.154 no. lxv]. Orators, argues the commentator, ought to weigh their words carefully, though it is impossible for us to get everything down in our 'oratures', 'car nous ne pouons pas mettre convenablement toutes choses en noz oratures, car ilz seroient deshonnestes. Ainsi que celui qui a les ungles grans dont il va grater sa teste et puis aprés va rouegner [J = rongner] iceulx ungles sans laver avecques ses dens, combien que le cas ne soit nuysible que a lui, si est il reputé infame et deshonneste; pareillement, mettre aucunes paroles en une orature, combien qu'elles ne soient point nuysantes en effect, si sont elles cassephatoniques et sont villaines a ouyr, par quoy le prosateur doit regarder au sens de ses paroles et plusieurs foys les considerer avant que les dire, qu'il n'en soit reprins'. Lines 783ff remain rather obscure in the translation. Alan's use of the image is largely based on Horace, *Sat.* 1.x.71ff on the pains taken by the poet Lucilius: 'saepe caput scaberet, vivos et roderet unguis', which is followed by the advice: 'Saepe stilum vertas, iterum quae digna legi sint / scripturus' (72-3), meaning that erasure by using the blunt end of the stylus should be resorted to whenever necessary. In Alan the emphasis seems to be on the painstaking labour required of the successful poet. The translator seems to contrast the necessary resort to erasure and correction with the (pointless) anxiety illustrated in scratching the head and biting the finger nails.

790. This and the next stanza are additions by the translator on the subject of lexical and stylistic propriety.

806. The caricatured figure of Thersites is drawn from the *Iliad* where he is eventually killed by Achilles. According to the commentator he was a vicious man, 'carent de toutes vertus', who did not contribute to the labours of the Greeks at Troy 'par vertu d'armes ou de conseil qui fust en lui, mais ne servoit entre eulx que de rapors, garrulations et baveries, car sus tous autres il estoit ung grant garrulateur'. So, 'ung autre nommé Alphin estoit inutile entre les joueurs de eschais et ne les faisoit que perturber en leur gieu par quoy ilz le repudioient avecques ce que de lui estoit repudiable', like the 'hua' amonst the birds of the field, and the 'fullon' among 'les mouches a miel qui vont querir la doulce alimonie sus les fleurs des champs' (the 'fullon' is 'celui qui a perdu son esguillon'). All these are totally useless, whether on their own or in combination. But there are others, worthless in themselves, which are nonetheless 'vallables jointes avecques autruy', 'Ainsi que entre les narrateurs de figures, comme de comptes et numerations, le chiffre qui de soy ne vault rien est prouffitable, car par l'adjunction de lui avecques

Les Paraboles Maistre Alain en Françoys

la figure on peut congnoistre l'augmentation de sa valeur. Et pourtant les numerateurs et faiseurs de comptes prisent le chiffre'.

809. I have punctuated in accordance with III,7b: 'Inops vitutis, garrulitate potens'.

810. French *aufin* is derived from Arabic *al-fil* ('elephant') and denotes the bishop in chess. On the medieval chess-board it was the weakest piece and its uselessness became proverbial, see H.J.R. Murray, *A History of Chess* (Oxford, 1913), pp.452 and 754 who cites a slighting reference to the piece in Jordan Fantosme's Chronicle.

814. The 'fullon' is the drone, the passive male bee contrasted to the unsexed workers ('mousches à miel'). The commentator (see 806 above) correctly remarks that once its sting has been lost, the bee no longer makes honey i.e. it becomes a drone. Records of the word 'foulon' with this sense are rare. Littré registers the meanings 'grosse espèce de hanneton' and 'En Normandie, frelon'. FEW 3,850a records the senses 'perce-oreille' (1669–75) and 'nom d'une espèce d'hanneton' (1803).

834. In praise of the power of small things ('de exigue corpulence'). 'A ce propos et similitude allegue maistre Alain traditeur [sic] de ceste parabole les conditions des Lucains et des Apulliens' and it is shown that the strong should not glory in their strength: 'ainsi qu'il est escript ou Psalmiste: *Non in fortitudine equi voluntatem habebit, nec in tibiis viri beneplacitum erit ei* — Nostre Seigneur, dit le Psalmiste, ne mettra point sa volenté en la force d'ung cheval et ne prenra point de plaisir es grandes et belles jambes de l'omme [*Ps.* 146,10] ... *Nolite confidere in principibus nec in filiis hominum in quibus non est salus* — Ne vous vueilliés pas confier en la puissance des princes et des filz des hommes esquelz n'y a point de salut' [*Ps.* 145,2-3)]. Small things are not to be despised: 'Ainsi que le poete moral Chaton l'appreuve, qui dit *Corporis exigui vires contemnere noli; / Consilio polet cum vim natura negavit.* Dit le poete Chaton a son filz :'Mon enfant, ne vueilles pas contemner et despriser les vertus d'ung petit corps, car force resplendit spirituellement et par conseil souventeffois en celui a qui nature a denyé puissance corporelle' [*Dist.* II,9; Walther, *Proverbia* 3523]. An exemplification is 'David qui tua Golias', 'Et pour ce est il escript de David par une grande admiration: *Quomodo unus persequebatur mille et duo decem millia nisi quia Deus adiuvit eos*, c'est a dire, 'Comment est il possible que ung homme seul en persecutast mille et deux dix mille, si n'estoit partant que Dieu leur aydout ? [cf. *Deut.* 32,30]' ... ainsi comme on dit

communeement et est ung general proverbe: Les hommes font les batailles et les guerres, mais Dieu fait les victoires'.

845. 'Venitiens' for 'gens Venusina' (inhabitants of Venosa, birthplace of Horace) of the source.

846f. An addition by the translator which is the foundation of this and the next stanza. The commentary has: 'Et pour ce donne le commentateur une similitude et dit que souventeffois et bien souvent nous voyons les grans chariots tumber et estre renversés par le tour d'une petite pierre sus laquelle ilz viennent passer sans ce que celle petite pierre ait mal. Semblablement, on voit souvent une petite pluye abbatre ung grant vent. Aussi voions bien souvent ung petit homme repulser ung grant sans y avoir aucune violence. Par lesquelles similitudes ledit maistre Alain reprouve la glorification que l'omme peut prendre en sa force, magnanimité ou puissance corporelle'. This describes the French translation rather than Alan's Latin original but attributes the simile to 'le commentateur', suggesting a commentary resembling that printed by Melchior Lotter (1512) which contains the observation: 'Communiter dicit quod parvus lapillus sepe magnam subvertit turrim'.

890. 'Et por ce dit le poete parlant d'amour: *Si cedis cedit, / Si fugis ipsa fugit* — Si tu donnes lieu a amour, elle le te donnera, mais se tu te fuys d'elle, de toy elle fuyra' (cf. H. Walther, *Proverbia* 2583). Later, the commentator makes use of another Latin phrase: 'comme il est escript *vim vi repellere licet* — licite chose est repeller force par force' (cf. H. Walther, *Proverbia* 33384d). The introduction of 'amour' five times in these three stanzas is an innovation of the translator.

964. '[E]nsuit une autre belle parabole et fort morale en laquelle le maistre Alain figurativement monstre qu'il ne fault point querir loyaulté ou il n'y a point' and consequently to seek to do good to a bad servant is as futile as 'chercher neu en cercle ou firmité en degré de bois pourry'. The translator, followed by the commentator, does not render III,13cd: 'Pasce canem, pastus tuus illum leniet, et te / quamvis cedatur, lesus [var. cesus] amabit herum', though Alan is clearly contrasting the fidelity of the well-treated dog to the ingratitude of the bad servant.

992. An attack on the pride of the 'povre enrichi', 'ung singe paint assis sus une pelle ou en quelque hault siege' (the latter phrase echoes the Latin 'in celsa simia sede sedens'). The commentary continues: 'Et pour ce dit le commentateur sus le texte de ceste parabole qu'il n'est rien plus aspre

Les Paraboles Maistre Alain en Françoys

[III,14e 'asperius'] que d'ung povre enrichi et du maleureux constitué en dignité. Et ce dit le metrificateur en ung petit vers magistral ou il met: *Paupere ditato nil acrius esse putato* [H. Walther, *Proverbia* 20954] — Ne cuyde point, dit le metrificateur, qu'il soit rien plus aygre ne plus aspre que d'ung povre enrichi et en hault monté pourveu qu'il en devienne orguilleux'.

1015. Cf. F. Möhren, *Le renforcement affectif de la négation par l'expression d'une valeur minimale en ancien français*, *ZfRPh* Beiheft 175 (Tübingen, 1980), p.219.

1020. Advice 'to vary the medicine according to the patient' is given to those charged with supervising others, 'regens et maistres d'escholles'. Some students need encouragement, others require coercion. The commentary links the carrot of encouragement, rather than the stick of correction, to the comparison with the horse in the following way: 'Pour ce dit maistre Alain, acteur de ceste parabole, en son texte que ceste derreniere sorte et façon de enfans se [= ce, viz. discipline] doit avoir par moderation et attempreement, laquelle il donne en similitude d'ung cheval qu'on maine boire. Si ainsi est que quant il a la teste en l'eaue celui qui le conduit le bate, il n'y a point de doubte que celui cheval ne lieve la teste et tant qu'on le battra ne lui remettra. Ainsi est d'un enfant de rude entendement et qui n'est pas fort capable de science'.

1048. A substantial piece of cloth can be taken to market in a small 'mantique', 'c'est a dire une petite mande ou pennier', but the 'envieux' knows no such economy. The commentary goes beyond the text and its translation: 'Et dit le commentateur que l'omme envieux est de ceste nature que s'il estoit a nuyt par souhaitter asne sauvage, dit onagre, il vouldroit le lendemain qu'il fust devenu regnart, c'est a dire, s'il avoit a nuyt conquesté ung chateau, il vouldroit demain conquester une ville, et s'il avoit trompé ung homme, il vouldroit aprés en tromper quatre ... et pour ce conclud Alain en son texte de ceste parabole que celui homuncule est bien plain de peché que desire toute la terre et elle ne lui peut suffire'. The Latin commentary printed by Melchior Lotter in Leipzig, 1512, includes 'Si unus homo efficitur hodie onager, cras vellet esse vulpes, ut cito habiet omnia bona suorum hominum'. In Janot's print III,16 appears as a single stanza.

1068. The moral is aimed 'contre les malicieux obstinés en leur mauvaistié'. Whilst the lion rarely fights, since other animals have fled and it seldom encounters one to fight with, the serpent also does not constantly emit venom, but like the evil man it is prompt to act when an opportunity presents itself.

1075. 'De' should, perhaps, be corrected to 'ne'.

1080. The explicit comparison is the addition of the translator, for the Latin presents no other figure than the serpent.

1096. Unusually, the rendering of the Latin is distributed over all three stanzas. The reference in lines 1117-9 to the importance of confession is an addition by the translator. The beginning of the first stanza rather obscures the point of the Latin ('Non bene de pedibus spine tribulique trahuntur, / dum brevis interius spina relicta) with its contrast between multiple thorns being extracted with a single one being left (well understood by T) by referring to a single thorn of which the sharp point remains in the foot.

1120. The 'sens moral' is directed against 'les faulx presumpcieux qui par vaine gloire veullent extoller leur nom', extending the branches of their fame. Many receive the gifts of Dame Fortune whilst failing to acknowledge their debt to God, 'Mais sont ainsi que les jumens insipientes et fais semblables a elles, comme dit David: *Homo, cum in honore esset, non intellexit; comparatus est jumentis insipientibus, et similis factus est illis* — L'omme tant comme il est en honneur n'a point entendu, c'est assavoir les commandemens de Dieu; il est comparé aux jumens insipientes et est fait semblable a elles [*Ps.* 48,13]'. The wise, on the other hand, are humble: '*Omnis enim qui se humiliat exaltabitur, et qui se exaltat humiliabitur*—Tout homme qui se humilie sera exalté et qui se exalte sera humilié [Cf. *Lc.* 14,11 & 18,14]. Et pour ce est il escript ou cantique de Magnificat: *Deposuit potentes de sede et exaltavit humiles*: Nostre Seigneur, qui est vray juge, a deposé les puissans, c'est a dire les orgueilleux, de leur siege et a exalté les humbles [*Lc.* 1,52]. Car humilité est la vraie racine de haultesse et mere de exaltation'.

1152. '[C]onsequentement baille maistre Alain une autre parabole en laquelle il mostre similitudinairement que les paroles d'ung povre mal vestu et le conseil ne sont pas aucuneffois a despriser'.

1174. The Latin has 'milvus'. FEW 6,ii,93a/b records the borrowing of *millan* (cf. OF *escoufle*) from Occitan as c.1500. The commentator observes: '[E]nsuit une autre parabole en laquelle enseigne maistre Alain comme on doit penser a la fin et regarder quant on fait une besoigne a quelle fin

Les Paraboles Maistre Alain en Françoys

on en peut venir ... Par quoy nous qui spirituellement devons penser a la fin pour nostre ame devons bien garder en ce monde sus la viande que prendre voulons, c'est assavoir sus les euvres que nous faisons'.

1196. The commentator observes that the rich ever eat off the poor and will go on doing so until they die.

1198. The cook doesn't praise the fowl for its feathers, but for its flesh, 'tout a l'opposite est d'ung chasseur qui chasse ung regnart, ce n'est pas pour tant que la char en soit bonne, mais pour tant que la peau est bonne'. The 'sens moral' is clear: 'Pour ce dit le metrificateur, parlant de ceste vile condicion des hommes, ung mettre: *Vir bene vestitus pro vestibus esse peritus / Creditur a mille quamvis ydiota sit ille* — L'omme, dit le metrificateur, qui est bien et richement vestu, a l'occasion de ses vestemens est perhibé et creu homme tressage de mille' [H. Walther, *Proverbia* 33505].

1218. Alan 'reprouve les pecheurs qui vivent delicativement en ce monde', desiring only physical nourishment, which is no more than 'repletions et crapulosités', thus leaving their soul 'toute esuriente, mourante de faim et de soif'. It is clearly wrong to hear sermons and not to digest them, and above all to 'getter hors par retour de peché le corps precieux de Jesuchrist': 'Pour ce dit l'Apostre: *Estote factores verbi et non auditores* — Soyés facteurs et executeurs de la parole de Dieu et non pas auditeurs seulement [*Jacob.* 1,22]. Car qui en est auditeur et non facteur semblable est a l'omme qui considere le regart de sa nativité en ung miroir; tant comme il se regarde, il congnoist bien que c'est, mais aprés qu'il en a osté sa veue, il ne luy en souvient ... Pour ce dit l'Escripture: *Non in solo pane vivit homo, sed in verbo quod procedit de ore Dei* — L'homme ne vit pas seulement de pain corporel, mais en toute parole qui procede de la bouche de Dieu [*Matth.* 4,4]. Et ce que en l'oroison dominicale, c'est a dire la Patenostre, nous dison: '*Panem nostrum quotidianum da nobis hodie* — Sire Dieu, donnés nous aujourd'uy nostre pain quotidian', ne se doit pas du tout entendre du pain corporel, mais spirituel et pour l'ame, qui quotidiennement devons requerir'.

1228. This is the longest stanza (20 lines) in the work and is carefully structured aba bb cb cc dc dd ed ee ded.

1256. '[E]n la parabole ensuivante admire maistre Alain la misere de l'humaine condition en s'esbahissant comme il soit necessaire que l'omme doyve deux fois par cours naturel estre fait enfant, c'est assavoir retourner a l'estat de innocence ... Ainsi que l'Escripture met: *Octuaginta anni, amplius tempus eorum labor et dolor*. L'Escripture parlant de l'aage des hommes dit qu'en estat viril et puissant pour soy conduire peut bien estre jusques a quatre vingtz ans [*Ps.* 89,10], selon la diminution des aages ou temps de maintenant. Et si ainsi est que par permission de Dieu ou conduite de medecine iceulx ans a l'omme soient prolongés oultre quatre vingtz, dit que le surplus n'est que labeur, douleur et tristesse ... Et n'y a celui qui ne doyve considerer ce que dit le metrificateur: *Tempora pretereunt more fuentis aque* — Les temps se passent en la maniere et façon de l'eau qui court et jamés ne retourne' [H. Walther, *Proverbia* 31213] ... Pour ce dit on: *Veneranda senectus*—Ancienneté est a honnorer, pour la cause du sens qui y est ou doit estre [cf. *Sap.* 4,8] ... Ainsi que Job a dit en parlant de la brevité des jours de l'omme: *Breves dies hominis sunt, numerus mensium eius apud te est; Constituisti terminos eius, qui preteriri non poterunt*. Dit Job, 'Sire, les jours de l'omme sont bien cours, le nombre de ses moys est envers toy. Tu as constitué les termes de vivre jusques ausquelz par bonne conduite et regime convenable il pourra bien aller, mais lui seroit impossible de les passer' [*Job* 14,5].

1288.   'voys' = 'foys'.

1294.   I have posited a missing line, even though such is not obviously required by the sense, because the other four stanzas translating IV,8 are *huitains* and adhere to the common rhyme scheme *ababbcbc*.

1296.   '[E]n la parabole ensuivante monstre maistre Alain que soubz fiction de amitié plusieurs sont qui font de grans maulx a autruy'. The commentator introduces the notion of the doctor who treats a patient for his eyes: 'Pareille chose est du medecin qui prent en cure le malade qui a seulement les yeux troubles. Le medecin lui promect le guerir et pour ce faire applique eaues si fortes ou si corrosives qui lui crevent les yeulx totalement ... Cecy aussi figure maistre Alain sus ung homme nommé Alcon, furieux et mauvais, lequel en son temps gardoit et deffendoit le bien de la communité. Mais ce n'estoit pas pour chose qui le voullist augmenter, mais pretendoit a le reserver pour lui mesme et l'applicquer a sa singularité'. Lawyers come in for similar criticism: 'Ainsi comme aucuns, voyans ung simple homme en procès devant un juge, tachent a lui faire faire et passer ung fol appointcement, cauteleusement passe ou quelque fol marchié pour le mettre en ung plus grant procès'. There are several mythological figures bearing the name Alcon, the most celebrated of which is the Cretan archer and companion of Hercules, but he is not the figure alluded to here.

Les Paraboles Maistre Alain en Françoys

1338. The passage deals with 'une maniere d'orgueil fort vituperable' and 'la figure maistre Alain sur soy mesme, non pas qu'il fust tel de jamés avoir comencé ou entreprins chose qui ne luy fust possible de faire depuis le sermon de la Trinité, comme dit est ou prologue, dont il fist penitance. Mais il le fait pour eviter arrogance et monstrer son humilité affin que aucun ne peust dire qu'il usast de jactance et qu'il fust vainglorieux'. The example of the blind man is given 'pour une reigle generale et maxime thopique ... c'est a dire que maistre Alain par ses enseignemens parabolicques et moraulx, lesquelz il repute doubteux et ne veult pas arroguer de parfaictement les congnistre, il ne vueille conduire les aveugles, c'est assavoir ceulx qui ignorent les voyes de bonnes meurs et de bien vivre', men, that is, who, without ever being guided by the wise, imagine that they know the way themselves but do not.

1349. In the Latin the expression of astonishment is placed in the mouth of the author, in the first person: 'Miror et admiror quod iter lucis arripit ille ...' (IV,10g).

1362. A warning against 'les grans nourritures, crapulosités, delices et aysemens du monde'. 'Dit aprés maistre Alain que la joe lasse de celui qui chemine par temps de vent et de pluye mue souvent couleur quant elle n'est point acoustumee a les endurer. Pareillement, la tendre cuyrie d'ung homme nourry delicieusement et tousjours a l'ombre, quant vient qu'il se met aux champs et que le temps est chault, incontinent par l'ardeur du soleil est brullee. A ce propos dit le metrificateur: *Dulcia non meruit qui non gustavit amara / Et quia non studuit sunt illi gaudia rara*: Celui, dit le metrificateur, n'a pas desservi avoir et gouster choses doulces lequel jamés ne sentit ne gousta choses ameres (H. Walther, *Proverbia* 6357). Et oultre dit: celui aussi qui jamés n'estudia ne n'a rien apris n'est pas digne d'avoir aucune joye ... Et pour ce a ce propos dit le Psalmiste: *Qui seminant in lachrimis in exultatione metent*: Ceulx qui sement en larmes recueilleront leurs messons en joye et exultation' [*Ps.* 125,5]. In fact, the French translator has marked a contrast between the worker assailed by wind and rain, who is used to such conditions, and the man who ventures into the sun and is burned, because he is not used to it. In the Latin a single person is mentioned, namely he 'qui jacet in plumis', of whom it is said 'imbribus et ventis mutat gena lassa colorem, / uritur et leviter sole tenella cutis' (IV,11c & ef). The commentary follows the translation.

1393. 'Pur ce dit le poete moral Chaton a son filz: *Consilium archanum tacito committe sodali / Corporis auxilium medico comitte fideli* (II,22). Dit Chaton a son filz: "Commetz et baille hardiement ton secret conseil au

145

sodal que tu congnoistras taysible et qui ne le revelera point, non pas a celui que tu ne congnoistras et le pourra reveller. Baille aussi la cure de ton corps au medecin foyal et approuvé, non pas au discurseur et vagabund que tu ne congnoistras et ne avras de lui bonne experience'".

1475. I have printed the next ten lines as two cinquains despite the enjambement at line 1479, which finds a parallel at line 739.

1503. Regarding the 'rayne' the commentator observes: 'Cecy moralement nous figure Luciabel et la sette [= 'sieute'] des orgueilleux qui se voulurent equalizer a Dieu et pourtant du plus hault de leur orgueil tumberent en enfer'.

1513. Against those who dress themselves up. In the opening line the translator has suppressed the name of Drussus, of whom the commentator remarks: 'Celui homme ainsi nommé, lequel estoit barbier, se hastoit de rayre et abattre la barbe de l'homme qui croissoit fort et sourdoit, affin que la prolixité superflue de elle ne nuysist point a la voix et qu'en ouvrant la bouche pour parler le poil de la barbe ne se allast pas mettre dedens'. So, it is said, man must eradicate sin ('la barbe de pechié'), before it develops and harms him. It is the priest, 'le barbier et tonseur des pechés', who, like the barber, keeps a good lotion for the hair.

1544. The passage is aimed at 'juges tant ecclesiastiques que seculiers' and all those who correct vices in others, who should first ensure that they are free from vices themselves, 'Car, ainsi que met Chaton, poete moral: *Turpe est doctori cum culpa redarguit se ipsum*: Chose laide, dit Chaton, est a celui qui veult corriger et enseigner autrui quant il peut estre redargué de la coulpe dont autrui reprent' [*Dist.* 1,30b; H. Walther, *Proverbia* 31938]. The 'vessiaus de Dieu' are identified with 'les consciences des hommes'. The divisions of the translated text accord with the distichs of the original.

1548. The word 'main' would seem to be a context-induced error, perhaps also motivated by a reading 'insita' for 'instita', in the Latin: 'Tacta luto subducta sibi trahit insita sorde' (V,4c); the reading 'instita' indicates that it is the hem of a garment which becomes dirty through contact with the mud.

1556. Here, too, the divisions of the text correspond to the distichs of the original. The 'sens moral' is 'Quicunque veult estre bon il doit

Les Paraboles Maistre Alain en Françoys

commencer a faire bonnes euvres et hardiement les entreprendre combien que ardues soient. Car Dieu dit *Incipe et juvabo te*: Commence et je te aideray [cf. H. Walther, *Proverbia* 8031 'Esto laborator, et erit Deus auxiliator' and 12195 'Incipe fidenter, Deus adiuvet ipse libenter']. Par quoy en toutes choses fault commencement. Et si ainsi est que le commencement d'aucune chose soit bon et bien principié, il se equipolle a la moytié du fait et plus ainsi qu'il est escript: *Principium bene principiatum est plusquam dimidium totius*: Le commencement d'aucune chose bien principié est plus que la moitié du tout' [Cf. H. Walther, *Proverbia* 2429, 12193/4]. Cf. *DLMF* 184b.

1566. The two quatrains are an elaboration of the Latin V,5d.

1574. See Virgil, Aeneid X,284: 'Audentis Fortuna iuvat'.

1578. See *Matth.* 19,24. The commentator elaborates: 'Car ainsi qu'il est escript: *Arta est via que ducit ad portum salutis*: Estroite est la voye qui mainne a port de salut' (*Matth.* 7,14; cf. H. Walther, *Proverbia* 1457). The expression 'le cul d'une aguille' renders 'foramen acus', whilst 'ventre' is substituted for 'gibbus' (hump).

1592. Cf. *DLMF* 767b.

1593. Paradise can be achieved in a variety of ways, 'Car les ungs le peuent acquerir par abstinences, les autres par aumosnes, les autres par pelerinages et ainsi des autres euvres de misericorde qui en mille manieres se peuent acomplir'. The translator abridges the source, omitting V,7b 'vepribus et spinis arduitate gravis' to the end. Lines 1597ff are an addition to the source.

1601. The divisions of the text correspond to the distichs of the Latin.'[E]nsuit unne autre parabole en laquelle maistre Alain compare les symoniacles achateurs de benefices ecclesiastiques ... les gens d'eglise maintenant n'ont pas la pacience de attendre la mort de leurs predecesseurs pour avoir leurs benefices, ains les achatent dés leur vivant ou trouvent moyen de les avoir par frauduleuses permutations'.

1603. This and the following line translate V,8b 'Quem sua debilitas et quem premit ipsa senectus, / Letificant illum cum putat ipse mori'.

1615. The epithets 'cruel et felon' are an addition to the source. In contrast, V,9b is omitted and V,9c–e compressed into lines 1619–21.

1622. Lucifer and 'enfer' replace 'baratrum' of the source. The rest of the Latin (V,10c–e) is not rendered.

1630. Just as the preparation of the fruitful field involves the removal of thorns and thistles, so before receiving the Body of Christ the sinner's sins must be eradicated 'affin que le viatique qu'il reçoit lui puisse estre salutaire et vallable'. The Latin VI,1k cites Horace, *Sermones* 1,3,37: 'Neglectis urenda filix innascitur agris' ('in neglected fields there springs up bracken, which should be burned').

1634. The source is again compressed. 'Des ordures affluence' renders VI,1d 'luxuriante fimo'. The moralisation, which occupies the second stanza, is not found at all in the source, but is reflected in the commentary.

1646. The first stanza renders VI,2a–b, omitting 2c–d.

1660. 'Cecy aussi baille par ung exemple d'ung quidam nommé tyrant, lequel estoit en une fosse plaine d'eaue jusques au menton, mouroit de soif et ne oysoit boire; avoit la viande auprés de la bouche et ne osoit mengier, car il veoit que sur sa teste pendoit une espee fort ague laquelle n'estoit atachee que a ung petit fillet et tousjours doubtoit qu'elle ne cheust sus lui'. The translator of Alan VI,3 has eliminated VI,3c-f with its reference to the story of the tyrant Dionysius of Syracuse and the sword he had suspended above the head of his flatterer Damocles (Cicero, *Disputationes Tusculanae* V,xxi.), but the commentator includes it.

1672. Again, a highly condensed treatment of the source, omitting VI,4b–f. 'Met aprés le dit maistre Alain que les beufz qui tirent les chariotz aucuneffois sont tirés et par l'obliquité du chemin ou pesanteur du fardeau aucunnefois reculent et trebuchent en arriere …'. Again the commentary is clearly based on the full Latin text of Alan's *Parabolae* and not on the French translator's version of it.

1680. Alan VI,5 has been omitted. The translator renders VI,6a–b and 6d only. The commentator on VI,6 observes that 'Dit oultre plus que quant ung jardinier a une belle plante laquelle il veult tenir droicte, il doit garder en sa jeunesse qu'elle ne prenne aucune tortuosité qui perpetuellement lui demeure'. Similarly, the potter knows that once the clay is baked, it cannot be moulded: 'ainsi qu'il est escript: *Quo semel est imbuta recens, servabit odorem / testa*: c'est a dire, L'escaille qui une foys aura esté moueilliee en aucunes odeurs, voulentiers le gardera, pourveu que de jeunesse et de sa nouviauté y soit mise [Horace, *Epist*.1,2,69; H.

Les Paraboles Maistre Alain en Françoys

Walther, *Proverbia* 25711], comme il est escript: *Quod nova testa capit, inveterata sapit*: Ce que la nouvelle escaille prent en sa jeunesse voulentiers le sent en vieillesse [H. Walther, *Proverbia* 25948]. Here, too, the commentary follows the Latin text, since the translator has omitted the example of the potter.

1690. A highly condensed rendering of the source. '[E]nsuit unne autre belle parabole en laquelle maistre Alain jouxte le texte de L'Evangile ou il est escript: *Nemo potest duobus dominis servire*: Homme ne peut bien servir a deux maistres qui totalement sont contraires l'ung a l'autre ...' [*Matth*. 6,24].

1700. Also a highly condensed rendering of the source, omitting VI,8e–f. 'Pareillement, celui qui veult aprendre logique ou autres haultes sciences il est requis qu'il sache ses parties d'oroison affin qu'il ne soit point deceu en ses termes, car "En vain tend aux ars qui ne congnoist ses pars". Par quoy celui qui veult bien avoir et acquerir aucune science ou art la doit prendre, proportionnellement continuer les moyens qui y sont requis sans saillir de l'ung a l'autre sans congnoistre ce qui est necessaire'.

1710. The translator renders only VI,10a and 10c. The third stanza is an addition to the source. The commentator notes the young are exhorted to remember the danger of conceding to the devil: 'Congnois que quant tu luy donnes une preminence sus toy, toujours se efforcera de l'augmenter'.

1739. A rare example, on the part of the author, of wordplay: *mor[t]* and *sure*.

Colophon

Cf. the first edition of the *Jardin de Plaisance* published by Vérard in 1500/1: '...Et le trouvera // on a uendre au palais au premier pil=/lier deuant la chappelle ou len chante // la messe de messeigneurs es presidens // Ou au carrefour saint seuerin a lyma//ge saint jehan leuangeliste'.

Tony Hunt

Glossary

(Unusual words contained in the prose commentary are recorded in the Introduction, pp.18ff.)

ABREVER v.a. 1020 to water, give to drink
ABUS s. 642 mistake, illusion
ACORDABLE a. 1414 in harmony
ACOURSER v.a. 305 to shorten
ADJOURNEMENT s. 135 summons
ADMIRABLE a. 736,1052 surprising
ADMIRATIF a. 726 surprising
AIDANCE s. 1315 assistance, help
ALLOIGNER v.a./ v.i. 306 to lengthen, see note
ALLOUAGE s. 1695 hire, contract
AMECHON s. 45 hook
AMIABLE a. 659 agreeable, kind
ANGUILLE s. 894,897 eel
ANTARTIQUE a. 397 of the South Pole
ANUYT adv. 185,1424 today
APPETER v.a. 1286 to desire, seek
APPETISSER v.i. 273 to diminish
APPLICQUER v.a. 1050 to fold
APPOINCTEMENS s.pl. 1210 income
ARCHE s. 361 money chest
ARER v.a. 387,1447 to plough
ARGUER v.a. 1495 to harass
ARRESTER v.a. 1121 to attach, fix
ARROGUER v.a. prol.29 to assume, appropriate, lay claim to
ARROY s. PAR A. 97 by virtue of its arrangement, design
AULT s. PRENDRE EN AULT 1459 to gain
AYDABLE a. 828 valuable

Les Paraboles Maistre Alain en Françoys

BALLEIL s. 1535 broom
BLAN(S) a. 193 flattering
BOSSU a. 1550 covered in pustules
BRACQUET s. 506 hound, hunting dog
BRESCHE s. 17 breach, opening, gap

CALCITRER v.i. 1617 to kick (against)
CALLENGIER v. 668 to claim
CANICULLE (hap.) a. 1261 pup, whelp
CAULT a. 1002 troublesome
CAUTELEUX a. 1183 wily, cunning
CHANCELER v.i. 443 to toss (of boat); v.refl. 183 to cancel itself
CHASSIEUX a. 956,959,962 bleary
CIRCUIRE v.a. 1068 to roam round
CLORE; CLOT 756 pr.ind.3 to enclose
COLLIRÉ s. 957,963 eye-salve
COLLOQUTION s. 791,797,803 counsel, deliberation
COMBUSTIBLE a. 616 lightable, combustible
COMPAS s. PAR C. 794 in proportion, rigorously
COMPETER v.i. 1283 to be appropriate, to suit
COMPROMIS s. 1432 agreement, undertaking
CONCEVABLE a. 1041 perceptive, quick-witted
CONDITEUR s. 731 Founder (of the World)
CONSORS s. 126,132 accomplice
CONTREDIT s. 1212 challenge, opposition
CONTREGARDER v.a. to protect, watch over
COUSTUMEEMENT adv. 1374 habitually
CRIBLE s. 22 sieve
CRUDELITÉ s. 933 cruelty
CUL s. C. D'UNE AGUILLE 1579 eye of a needle
CUYRIE s. 1382 hide, skin

DATEUR s. 1463 donor, benefactor
DECENT a. 1175 appropriate

DECEVABLE a. 652,1320 deceitful
DELAISSER v.i. 925 to give up, desist
DEPARTEMENT s. 98 separation, release
DEPARTIE s. 584, 1676 departure, separation
DEPARTIR v.a. 529,534 to impart, share out, distribute
DEPERIR v.i. 912 to perish
DESCOLLER v.a. 1333 to behead
DESPARTIR v. 842 to separate
DESPLAISANT (DE) a. 1356 irritated, angry (with)
DESPRINS p.p. / a. 1170 destitute
DESROGUER v.a. prol.30 to detract from, diminish, contradict, distort
DESTITUER v.a. 724 to deprive of value
DETERMINÉ a. AU JOUR DETERMINÉ 769 on the appointed day
DETERMINER v.refl. 1043 to work, function
DEVIER v.i. 95 to deviate, depart from
DICERNER v.refl. 864 to appear
DISCIPLINE n. 758,1036 knowledge, learning; discipline, correction
DISTRIBUER v.refl. 385 to arrange, dispose oneself
DOMER v.a. 635 to tame
DOUBLE a. FAIRE D. 1363 to be duplicitous, to sham
DUCTEUR s. 984 guide, adviser

EBETÉ a. 266 dulled, obtuse
EFFERNUEE (= EFFRENNEE) p.p. 314 unrestrained
ELECTION s. 799 choice, selection
ELEMOSINATEUR s. / a. 1465 generous (as) alms-giver
EMPESCHIÉ p.p. 485 importuned, harassed; 1697 crippled
EQUALISER v.refl. 1509 to equal
ESBATEMENT s. 484 game, entertainment, amusement
ESCHAIS s.pl. 810 chess
ESPAIGNOL s. 506 spaniel
ESPOUANTER v.i. 1575 be afraid
ESQUIERRE s. 1703 mason's square

Les Paraboles Maistre Alain en Françoys

ESTRE s. 302 place, house
ETERNALITÉ s. 1741 eternity
EXPLANER v.a. prol.4 to explain

FABLE s. SANS QUELQUE FABLE 961 without any exaggeration
FAIZ s. 385 load, burden
FATUITÉ s. 975,1725 folly
FELICITÉ s. 1059,1540,1745 happiness
FIGURATIVEMENT adv. prol.4 figuratively
FIGURER v.a. 459 to represent, symbolize
FILLE s. 1184 net, snare
FOLLER v.i. 34 to behave foolishly
FORCE s. ESTRE FORCE QUE 1226,1291,1293,1711,1737 to be necessary, inevitable
FOYABLE a. 924 reliable, trustworthy
FOYAL a. 1397 loyal, trustworthy
FROISSER v.i. 851 to break, shatter
FULLON s. 814 drone, see note
FUMER v.refl. 103 to become angry
FURTIVEMENT adv. 748 in the manner of theft

GARDE s. N'AVOIR GARDE DE 1184 not to fear
GARRULATEUR s. 806 chatterer
GLUON s. 338 limed trap for catching birds
GREVABLE a. 656 harmful, injurious
HAP(P)ER v.a. 48, 891 to catch, seize
HISMOS s. 836 isthmus
HOMMEAU s. 279 puny man
IMMUNDICITÉ s. 1539 uncleanliness
INFAIRE v.a. 250 to infect, poison   INFAIT p.p. 428,628 infected
INGENIEUX a. 1251 brilliant, gifted
INSIPIENT s. 3 ignorant person, fool
INSOLLENCE s. 631 insolence
INVALLABLE a. 819,825 valueless

INVIDEUX s. 7 envious person

JUDICATION s. 1233 judgement, diagnosis

LABILLE a. 898 slippery
LANGAIGES s.pl. 23 speech, talk
LASSON s. 1179 snare, trap
LATTRER v.i. 284 to bark
LATZ s.pl. 1178 traps, snares
LEU s. 62,68,1296,1308 wolf
LEVRIER s. 506 hunting dog
LICITE a. 1288 legitimate, right

MALEFICE s. 1082 misdeed, crime
MANSUETUDE s. 214,220 gentleness, meakness
MANTIQUE s. 1048 bag
[MARAUD] s.pl. MARAULX 552 wretch
MERITER v.i. 1476 to be of merit, worthy of recognition
METRIFICATEUR s. 783 versifier
METTRE s. 785 metre
MEUBLE a. 1623 movable
MILLAN s. 1174 kite (ornith.)
MONITION s. 134,140,1714 prompting, urging
MORTIFERE a. 1073 deadly poisonous
MULTIPLICATION s. 1283 increase
MUTATIF a. 725 changeable

NEU s. 918,964 knot
NOTABLE s. 789,823 noteworthy observation, fact; maxim
NOTOIREMENT adv. 1232 notoriously
NUBILEUX a. 74 cloudy, gloomy

OUAILLIER s. 389 sheepfold
OBLIQUEMENT adv. 572 askew
OBLIQUITÉ s. 575 twist, sidetrack

Les Paraboles Maistre Alain en Françoys

OCCUPABLE a. 1051 occupying, requiring [little space]
ORT a. 130,1341 dirty
OUVROUER s. 1533 shop premises, workplace

PAR s. A PAR SOY 827 alone
PARABOLIQUE a. prol.15 parabolic
PARABOLIQUEMENT adv. prol.1 in the form of a parable
PARTICULARITE s. 1330 personal interest, concern
PELLE s. 1004,1016 skin, hide
PERIR v.a. 63 to destroy
PILLIER v.a. P. PATIENCE 671 to be patient
POINT TOUT EN CE P. QUE 73,81,121,253,256 just as
POSÉ, conj. P. QUE 895 assuming that
POURCHASSER v.refl. 749 to look after oneself, provide for oneself
PRACTIQUE s. prol.25 exercise
PRESENT adv. 1210 at once, immediately
PRESTIN a. 114 former, original
PRIMARTIQUE (hap.) a. 399   ?
PROPERER v. 249 to hasten
PUERIL a. AAGE PUERILLE 1269 childhood
RASOUER s. 1522 razor
RASTELLIER s. 664,666 hayrack
REDARGUER v.a. 1468 to reproach, criticize
REGENT s. / a. 1251 regent
REPENTIN a. 1125 sudden
RONGER v.i. 1506 to chew the cud, ruminate
RUCTUATION s. 1221 belch

SECOURABLE a. 1319 helpful
SELLE s. 1015 saddle, seat, see note
SERRE s. TENIR EN SERRE 854 to restrain, hold in subjection
SIGNIFIABLE a. 827 meaningful
STILLE s. 784 pen

TEMPESTER v.a. 1021;1123 to ill-treat; rage against (of wind)
TENDEUR s. 1177 setter (of snares, traps)
TERMES s.pl. 562 conduct, behaviour; TENIR T. 1012 to stand one's ground, put up obstinate resistance
TERRIER s. 878 a (fox's) earth
TOUAYSON s. 41 fleece
TOURNER v.a. 784,786 to change
TRASSER v.i. 751 to prowl
TRESAUTENTIQUE a. 400 magnificent,
TRESORT a. 1724 disgusting, repulsive
TREU s. 162 hole, crack

VALUE s. 1472 value METTRE EN VALUE 1444 to exploit
VENIR v.i. 1208 for CONVENIR, to be appropriate
VENUE s. 1460   revenue
VEPRECULE s. 890 briar, bramble
VIAL, VEAU s. 563,1257,1259 calf
VITUPERE s. 247 shame, dishonour
VOIRRE s. 1165   glass   CLER COMME (LE) VOIRRE 857,1064 clear as glass
VOLATILLER v.i. 141,144   to fly, flutter
VOYETTE s. 1347 little path

YMPLIQUER v.i. prol.17 to lead to complications

Les Paraboles Maistre Alain en Françoys

Proper Names

ACHILLES 1362
ACHINS 807
ALAIN 1343,1350,1356 Alan (of Lille)
ALCON 1328
ALPHINUS 810
APULIENS 843
ARGUS 607
BOREAS 720
BOREE 722
CARIBDIS 181,184,187
CYRENES 777 sirens
DIEU 1,1659 etc (use search)
EGISTUS 1365
EOLUS 535,541
FORTUNE 134,140,183,445,464,469,1008,1574
GREGOIS 807
HESPERUS 527
JESU CHRIST 1639
JUNO 605
JUPITER 605
LUCAINS 843
LUCIFER 1622
MIDA 517
NEPTUNUS 537,545
POLLIPHEBUS 611
ROMME 1594
SAINT POL 499
TERSITES 806 Thersites
TRINITE, LA SAINCTE 1139,1151
TROYE 1558
UULPHUS 180
VENITIENS 845
ZEPHIRE 720,722

Tony Hunt

Alan of Lille:
Liber parabolarum

cap.I

1. A Phebo Phebe lumen capit; a sapiente
   Insipiens sensum, quo quasi luce micat.
2. Nil aliud nisi se valet ardens Ethna cremare;
   Sic se, non alios, invidus igne coquit.
3. Sus de sorde levat, saltem dum colligit escas;
   Cur nunquam surgit sorde volutus homo ?
4. Utribus antiquis vinum committere noli,
   Nec senibus sensum quem retinere velis.
5. Nititur in vetitum quod in agros defluat equor;
   Sic init illicitum, quam cito peccat homo.
6. Stultior est stulto qui mandat balsama cribro;
   Et verbis pleno verba tacenda viro.
7. Sepe viatorem nova non vetus orbita fallit;
   Sic socius socium, non vetus, immo novus.
8. Non est in speculo res que speculatur in illo;
   Eminet, et non est in muliere fides.
9. In sterili steriles aratrum facit aggere sulcos;
   Et labor in miseris est sine fruge scolis.
10. De minimis granis fit grandis summa caballi;
    De brevibus mendis, non veniale malum.
11. Non sibi sed reliquis aries sua vellera portat;
    Sic aliis unit semper avarus opes.
12. Non leviter velli quid ab unco quod tenet ille,
    Nec es a loculo quod tenet arta manus.
13. Mille viris prebere potest pincerna lieum;
    Pocula doctrine pluribus unus homo.

Les Paraboles Maistre Alain en Françoys

14. Accipit et nunquam reddit mare Scilla receptum;
    Sic rapit et retinet debitor era malus.
15. Non leviter corio canis trahitur ab uncto,
    Nec nebulo disco dum satietur eo.
16. Sub molli pastore capit lanam lupus; et grex
    Incustoditus dilaceratur eo.
17. Clarior est solito post maxima nubila Phebus;
    Post inimicitias clarior est et amor.
18. Loricam duram possunt penetrare sagitte,
    Sic cor derisum et mala verba meum
19. Firmiter in portu tenet pupem anchora morsu;
    Sic in proposito spes rata corda suo.
20. Subtrahe ligna foco, si vis extinguere flammas;
    Si carnis motus, otia, vina, dapes.
21. Ripa retentat aquas pelagi ne migret in arva;
    Sic tenet irati frena modesta manus.
22. Sepe cicatrices in vulnera prisca resurgunt;
    Ad mala facta sui gens male sana redit.
23. Fragrantes vicina rosas urtica perurit,
    Et justos semper turbat iniquus homo.
24. In palea dum grana jacent, immunda videntur;
    Est similis pravis, qui manet inter eos.
25. Ictibus undarum rupes immota resistit,
    Et bonus assiduis fluctibus omnis homo.
26. Mobile cum vento folium volat arbore raptum;
    Sic mens instabilis semper ut aura volat.
27. Stultus qui puppem sine remige ducit in altum,
    Et sine subsidio qui grave sumit onus.
28. Per patulas rimas sol lucens intrat in edem;
    Corda per auriculas dogma docentis init.
29. Multociens captum trahit hamus ab equore piscem;
    Sed bona verba mali nullus ab ore trahit.

30. Pauperat et ditat talorum casibus Ulphum
    Alea; sed vetat, ut mage fiat inops.
31. Extincti cineres, si ponas sulphura, vivent;
    Sic vetus apposita mente calescit amor.
32. Dira Caribdis aquas bibit et vomit omnibus horis;
    Sic dat, sic auffert sors sua dona viris.
33. Currere cogit equum sub milite calcar acutum,
    Et puerum studio virga vacare suo.
34. Non perit ipse sua qui propria navigat aura,
    Nec vir qui propria degere debet ope.
35. Tranquillum nequit esse fretum dum peste movetur,
    Nec mansuetus homo, dum movet ira jecur.
36. Cur aperit portam, qui claudere non valet illam ?
    Cur michi rem spondet, qui dare nequit eam ?
37. Concipit ut pariat mulier dum venerit hora;
    Tu quoque suscipiens des aliquando michi.
38. Nulla potest sedare sitim flagrantibus unda;
    Copia nec cupidi cor satiare viri.
39. Vipera virus habet, que, dum calet, evomit illud;
    Claude sinum, prohibe ne calefiat ibi.
40. Futile vas fundit, sincerum vina retentat,
    Sic audita tenet mens bona, fundit ebes.
41. De nuce fit corulus, de glande fit ardua quercus;
    De parvo puero sepe peritus homo.
42. In nichilum nix alta fluit, si desuper imber
    Decidat; et vitio fama perempta perit.
43. Stratus humi palmes subeuntibus indiget ulmis;
    Indiget auxilio divitis omnis inops.
44. Non possum prohibere canem quin latret ubique,
    Nec queo mendaci claudere labra viro.
45. Fumum non ignem jaculatur ab ore caminus;
    Colloquio non re, livor obesse potest.

46. Non domus sed dominus laudetur, si bonus is sit;
    Sin autem, dominum spernimus atque domum.
47. Non ibis rostrum, non ardea deserit anum;
    Non leviter vitium dum facit illud homo.
48. Aufert sepe solo nigra nubes lumina solis,
    Et patris auxilium dira noverca michi.
49. Non semper moriuntur aves quibus insidiatur
    Arcus; nec michi sunt tela nec hasta mine.
50. Sidera splendorem non possunt addere soli,
    Cum superet solis lumina cuncta jubar.
51. Si Catho sis, et vis in candida vertere nigra,
    Curaque sit cure, dives et esse potes.
52. In viscum volucres ducit cum cantibus auceps;
    In fraudem gentes blanda loquela viri.
53. Impetus est silvis et vasta leonibus ira,
    Et tamen inter se jus sociale tenent.
54. Post noctem sperare diem, post nubila solem,
    Post lachrimas risum letitiamque potes.
55. Omnia Cesar erat, sed gloria Cesaris esse
    Desiit; et tumulus vix erat octo pedum.
56. Non ruit in rupes nec in alta pericula navis,
    Quam maris in motus remige rector agit.

cap.II

1. Luctatur cum nocte dies, cum nube serenum,
    Cum tenebris lumen, cum nece vita vigens;
    Sic labor in nobis, nam spiritus et caro semper
    Pugnant, et morimur si caro vincat eum.
2. Pondera portat equus, bos terram sulcat aratro,
    Vellera portat ovis, servat ovile canis;

Omnia quippe sue nature debita solvunt
    Preter eum qui plus his rationis habet.

3. Ethereus motus movet omnia sidera preter
    Unum, sed semper permanet illud idem;
Sic constans et fidus homo sine fine tenebit
    Hunc in amore modum, quem tenet ipse semel.

4. Phebus ab occasu rursus raptatur ad ortum
    Quem prius huc illuc machina versa tulit;
Sic in amicitia mundus stat, flagrat et ardet,
    Corruit et surgit, quod magis amat, odit.

5. Tutior est locus in terra quam turribus altis,
    Qui jacet in terra, non habet unde cadat;
Impetus et venti, tonitrus et fulmina turres
    Flatibus evertunt, stare sed ima sinunt.

6. Non possunt habitare simul contraria, cum sint
    Mors et vita; procul decidet hec ab ea;
Sic duo sunt que non possunt intrare cor unum,
    Vanus amor mundi verus amorque Dei.

7. Stratus humi non surgit, item dum poplite flexo
    Portat onus grave quo precipitatur equus;
Sic homo qui magna viciorum mole gravatur,
    Non nisi deposita mole levare potest.

8. Non quo nauta volet, sed quo volet aura, vehetur
    Pupis, cum tumidi venerit unda maris;
Non quo propositum, sed quo sors ducit eundum,
    Est homini licitum qua decet ire via.

9. Apparet fantasma viris, sed rursus ab illis
    Vertitur in nichilum, quod fuit ante nichil;
Sic adest et abest fugitivi gloria census;
    Non prius adventat, quam quasi somnus est.

10. Dum calor est, et pulchra dies, formica laborat,
    Ne pereat, dum nix venerit alta, fame;

Sic juvenis, dum tempus habet sudoribus aptum,
    Querat quo possit lassa senecta frui.
11. Non adeo sublime levat levis ala volucrem,
    Quin redeat rursus rura relicta petens;
Non ita subvectos rota surgens tollit in altum,
    Quin vergens illos rursus ad yma ferat.
12. Ebrius ante bibit quam nauseat, ante ligurrit
    Quam vomat, ante levat quam pede firmus eat;
Non sic in nobis nec est sic ordo retentus,
    Ante docere modo quam didicisse juvat.
13. Non emitur care res legibus empta fororum,
    Venditor et emptor sunt sibi mente pares;
Sed nichil est quod sit sub celo carius emptum,
    Quam quod emunt longe fronte rubente preces.
14. Dentibus atritas rursus bos ruminat herbas,
    Ut tociens trite sint alimenta sibi;
Sic documenta tui si vis retinere magistri,
    Sepe recorderis que semel aure capis.
15. Follibus inclusas faber improbus excitat auras,
    Dum ferrum durum molliat ipse focus;
Sic ortus furor intus agit precordia stulti,
    Dum reddit molles litis agone vires.
16. Voce molosorum latebris arcentur onagri,
    Exit et ipse canum dente timendus aper;
Sic et presbiteri viciosos urgere debent,
    Et nisi peniteant, ense ferire Dei.
17. Et dives et miser fuit olim rex Mida; dives
    Auro, sed vite conditione miser;
Sic custos census, sic omnis vixit avarus,
    Dum nichil et multum possidet ipse boni.
18. Hesperus astrorum se prefert vespere primum,
    Et facit immensum quo micat ipse jubar;

Sic cito non tarde se monstrat egentibus ille
   Qui clarum gemini lumen amoris habet.
19. Eolus ingentes ventorum temperat iras,
   Et mare Neptunus sepe tridente domat;
   Sic sese dominus faciat feritate timeri,
   Qui regimen magne gentis habere cupit.
20. Bella movet citius cui desunt cornua taurus,
   Quam qui cornuta fronte ferire potest;
   Sepius in vico pueros pugnare videmus,
   Quam validos homines quis solet esse vigor.
21. Impatiens aratri si bos jungatur aratro,
   Tortam non rectam carpit arando viam;
   Sic sunt qui retrahunt gradientes sepe retrorsum,
   Cum videant illos carpere lucis iter.
22. Cum nive, cum pluvia, cum grandine vertere capras,
   Ac niti contra fronte videmus oves;
   Injustos fraus, ira, nephas, injuria raptant,
   Sed justus toto corde resistit eis.
23. Non potis est pelagus leviter transire liburnus,
   Ni sit qui remis currere cogat eum;
   Non valet ad metam cursum producere cursor,
   Ni sibi pes et spes auxilientur ei.
24. Longius ille videt qui multis spectat ocellis,
   Quam cui dat visum solus ocellus, homo;
   Idcirco vaccam servandam tradidit Argo
   Sponsa Jovis Juno, non, Poliphebe, tibi.
25. Vim minus exercet qui late spargitur ignis,
   Quam cui collecte vim tribuere faces;
   Fortius invadit qui vires colligit hostem,
   Quam qui dispersis viribus instat ei.
26. Pessimus est hostis qui, cum bene faceris illi,
   Fortius insurgit bella movendo tibi;

Les Paraboles Maistre Alain en Françoys

Sic carni fac velle suum si bella moveri
   Vis tibi, si pacem, colla domato fame.

cap.III

1. Non teneas aurum totum quod splendet ut aurum,
      Nec pulcrum pomum quodlibet esse bonum;
   Non est in multis virtus quibus esse videtur,
      Decipiunt falsis lumina nostra suis;
   Plus aloes quam mellis habent in pectore tales
      Quos sanctis similes simplicitate putes.
2. Morsibus aggreditur lignum capra quo religatur
      Cum sibi nil detur quod lacerare queat;
   Quamvis delicias cupiat sibi quisque, necesse est
      Ut capiant omnes id quod habere queunt;
   Nil prodest optare magis vel querere nobis
      Quam quod vel quantum vult Deus ipse dare.
3. Ad vada Neptuni fontes et flumina currunt
      Et quocunque potest currere currit aqua,
   Per valles quas semper amat dilabitur unda,
      Et colles odio quos habet, illa fugit;
   Quis satis est, his plura fluunt, his undique fertur,
      His datur, his emitur; pauper ubique jacet.
4. In Boream Zephirum converti sepe videmus,
      Nomine mutato rursus et hunc in eum;
   Non tamen admiror de tempore si varietur,
      Cum sic cunctorum Conditor ipse velit;
   Sed miror miranda nimis vaga corda virorum,
      Cur tociens mutent se prohibente Deo.
5. Non aliam legem patitur fur quam latro captus,
      Quamvis de nocte latro, fur eat ille die;

Non minus hic peccat qui censum condit in agro
    Quam qui doctrinam claudit in ore suam;
Absit commissum sine lucro ferre talentum,
    Ne servos nequam nos vocet ira Dei.

6. Non opus est somno Syrenes ingredienti,
    Nec sibi qui studio falsa cavere volet;
Sepe stilum vertit qui versum vertere debet,
    Dentibus et ungues scalpit et usque caput;
Querit ea primum que postea ponere possit,
    Non apte quevis verba locare potest.

7. Tersites numerum non vires auxit Achinis,
    Inops virtutis, garrulitate potens;
Sic inter scacos alphinus inutilis extat
    Inter aves bubo, fucus et inter apes;
Inter narrantes cifram juvat esse figuras
    Et vult multociens anticipare locum.

8. Separat instantes ismos brevis insula fluctus
    Et pacem gemini continet unda maris;
Non possunt thauri concurrere fronte minaci,
    Dum baculum pastor sublevat inter eos;
Apula gens et gens Lucanaque semper bella minantur,
    Sed rabiem media gens Venusina vetat.

9. In cavea propria fit atrox et aspera vulpes,
    Que potius fugeret si foret illa foris;
Improbus et mordax canis est in limine noto,
    Dum videt auxilium vim sibi ferre canum;
Inter consortes audacior est homo nequam
    Quam sit in extraneis hoste minante locis.

10. Inventum tarde leporem cito perdimus inter
    Vepreculas, cum sit res fugitiva lepus;
Perdimus anguillam manibus dum stringimus illam,
    Cuius labilitas fallit in amne manus;

Les Paraboles Maistre Alain en François

  Sic abit inventus nisi conservetur amicus
   Et nisi libertas mutua servet eum.
11. Non bene firmus erat, digito qui solvitur uno
   Nodus, nec fortis, tam cito fracta fides;
  Nunquam fidus erit, qui desinit esse fidelis,
   Nunquam qui non est fidus amicus erit;
  Ex quo conveniunt duo pectora pectus in unum,
   Fas est, ut maneant pectora pectus idem.
12. Mente minus sanus quam corpore creditur eger,
   Qui medicos eius fuste vel ense ferit;
  Quis magis insanus quam cecus in ardua ductus,
   Si tunc contemnat felle tumente ducem ?
  Lippo non lusco coliria nigra medentur,
   Qui semel est luscus, non nisi luscus erit.
13. Nolumus in cirpo, quo non est, querere nodum,,
   Nec super infirmum ponere magna gradum;
  Pasce canem, pastus tuus illum leniet, et te
   Quamvis cedatur, cesus amabit herum;
  Fac servo nequam bona, semper et omne quod illi
   Prebueris perdes; cum sibi nullus amor.
14. Ridiculus mus est, qui muribus imperat, et qui
   Tanquam rex horum sic dominatur eis;
  Non minor est risus de servo quando levatur
   In dominum, quando voce manuque ferit;
  Asperius nichil est humili dum surgit in altum,
   Pingitur in celsa simia sede sedens.
15. Diversis diversa valent medicamina morbis,
   Ut variant morbi, sic variantur ea;
  Non uno doctrina modo se mentibus infert,
   His timor, his monitus, his adhibetur amor;
  Quadrupedes adaquare nequis dum percutis illos,
   Nec cogit pueros virga studere rudes.

16. Parvula venalem comprehendit mantica telam,
    Et jacet exiguo multiplicata loco;
    Cur sic quod cupide menti non sufficit orbis,
    Predia terrarum, gloria, census, honor ?
    Jus est, ut penitus terre sit homunculus expers,
    Qui totam terram solus habere cupit.
17. Faucibus innocuis deserta leonculus ambit,
    Cum nichil inveniat quod lacerare queat;
    Non semper pungit serpens, nec fundit ubique
    Virus, quod secum semper in ore gerit;
    Non equidem stimulo nec parceret ille veneno,
    Si quid adesset quod ledere posset eo.

cap.IV

1. Non bene de pedibus spine tribulique trahuntur,
    Dum brevis interius spina relicta jacet;
    Quanto maior mora est, tanto mage vulnera putrent,
    Et tunc non possunt absque dolore trahi.
    Qui culpas de corde trahit, trahat usque recentes
    Et cunctas pariter, ne ferat una necem;
    Quid prodest medico plagas sanasse ducentas,
    Si maneat sola qua moriatur homo ?
2. Arbor que late ramat, ni firma sit imo,
    Cum ramis facile corruit icta Notho;
    Sed que radices habet in tellure profundas
    Obstat, et evelli peste furente nequit.
    Qui ramos fame, non radices meritorum,
    Extendit lato, scito quod ipse cadet;
    Non solum celo, qui talia vana profatur,
    Ast etiam vicio displicet ille solo.
3. Non minus est dulcis parvo de fonte recepta

Les Paraboles Maistre Alain en François

    Quam que de magno flumine fertur aqua;
Et cadus et dolium retinent quandoque Falernum,
    Nec dolium melius quam brevis ipse cadus.
Nec magis egregio dulcescit potus in auro
    Quam facit in vitro quod minus esse valet;
Quamvis quisque miser benedicat vel bona, nemo
    Corpore pro misero vilia verba putet.

4. Visibus intentis scrutatur ab ethere predam
    Milvus, et a longe frusta relicta videt;
Non, licet esuriat, statim descendit ab alto,
    Sed variis giris circuit usque locum.
Sunt nam qui laqueos posita dape ponere tentant,
    Ut sic incaute decipiantur aves;
Denique percepto nichil aucupis artis adesse,
    Unguibus accedit tutus et escas capit.

5. Nonnichil exempli vermes de carne creati
    Demonstrant oculis testificantis opus;
Dentibus acceptam invadunt morsibus illam,
    Non querunt aliam, dum sibi durat ea.
Consilii nichil est, nisi sal succurrere possit,
    Sal positum large, mordet et arcet eos;
Vermibus hic mos est: nec solum linquitur illis,
    Sunt in quos transit jam furor ipse viri.

6. Non propter pennas laudat conviva volucrem,
    Nec propter corium mango disertus equum;
Non equidem, similis per singula cursitat usus,
    Vestes non homines omnis honorat homo.
Hunc nova facta novum statuunt per secula morem,
    Et nil excepto paupere vile jacet;
Nil bene pauper agit, sed pro ratione tenetur
    Quicquid agat dives, seu bene sive male.

7. Sumpta quid esca valet que quam cito sumitur exit ?

Nausea cor vexat, viscera laxa dolent;
Quando non patitur medicamina morbus in alvo,
   Non signum vite, sed necis esse puto.
Ut dape venter eget, sic spiritus indiget illa,
   Non bene pascuntur cum nichil alter habet;
Non discunt quicunque scholas ubicunque frequentant,
   Nam plures veniunt ut videantur ibi.

8. Bos semel est vitulus, semel est canis ille catellus;
   Cur homo bis puer est quem semel esse licet ?
De puero natura senem facit, ut petit ordo,
   Sed vicium pueri de sene reddit item;
Non est barbati plaustrello jungere mures,
   Nec casu tali multiplicare vices;
Bis puer est homo, vir semel, quem viribus una
   Cum sensu lassis, alba senecta domat.

9. Sepe molosus ovem tollit de fauce luporum,
   Ut raptam comedat, non ut abire sinat;
Quid refert an ab hoste lupo moriatur; an illo
   Cum dentes eque sint utriusque graves !
In multis similes ratio considerat actus
   De quibus expertus dicere vera potest;
Res hominum sevus defendit ab hostibus Alcon,
   Ut sibi non aliis res tueatur eas.

10. Simpliciter cecus prohibetur ducere cecum,
   Ne cecus cecum ducat in antra secum;
Sed tamen insanum prohibere nequimus Alanum
   Quin cecos dubio ducere calle velit.
Non queritur quod turpe pedes offendat eundo,
   Sed quod tam pauci nocte sequuntur eum;
Miror et admiror quod iter lucis arripit ille,
   Quem nunquam constat scisse vel isse viam.

11. Ad bellum quia durus erat, migravit Achilles

Egisto thalamos ingrediente domi;
   Qui jacet in plumis, nil duri passus in illis,
      Non valet assuetus vir tolerare malum.
   Imbribus et ventis mutat gena lassa colorem,
      Uritur et leviter sole tenella cutis;
   Mollibus assuetus clipeum bene non gerit armis,
      Nec retinet gladium firmiter uncta manus.
12. Non omnis socius fidus est, non omne fidele
      Pectus, non omni me sociare volo;
   Qui socius volet esse meus, non alter, at idem
      Fiat ego, quia non est satis alter ego.
   Non teneo socium qui scit quod nescio; vel qui
      Id quod non habeo cum precor, illud habet;
   Cum socio socius deliberat omnia doctus,
      Cum sibi concordant consona corda duo.
13. Crastinus ingrato procrastinat omnia more,
      Et de cras uno, cras michi mille facit;
   Cur hodie non multiplicat, qui multiplicat cras ?
      Nonne dies solem signat uterque suum ?
   Post hodie cras esse solet, cum sole reductum,
      Sed non cras illud quod michi spondet habet;
   Cras illud nunquam nec sol orietur in illo
      Cum cras venturum sit sine fine suum.

cap. V

1. Non sunt digna coli quecunque coluntur in orbe
      Jugera, nec fodi vinea queque manu;
   Quid prodest arare solum vel fodere vitem,
      Cum nichil hoc fructus nil ferat illa meri ?
   Incultus requiescat ager; sterilis requiescat
      Et vitis, nunquam vindemianda michi.

Tony Hunt

A simili, cessare probo debere datorem
    Qui colit indignos et sua tradit eis;
Qui sua dat dignis, serit et metit, unit et amplat,
    Indignis vero res data tota perit.

2. Nos asinus ridere facit, dum more leonis
    Pingitur, et vulpes subdola cogit idem;
Exuat hic pellem qua se putat esse leonem,
    Ut patiens oneris jussa sequatur heri.
Hortor et ut vulpes propria sub pelle quiescat,
    Ne moveat risum pelle leonis ovans;
Inflando se rana bovi par esse volebat,
    Ulcisci pullos quos pede pressit aquis;
Ast bos juravit ranunculus ante creparet
    Per medium quam par efficeretur ei.

3. Surgentem Drussus festinat radere barbam,
    Ne noceat lippe vocibus umbra gene;
Apponit speculum, speculo monstrante relictos
    Forficibus tollit forpicibusque pilos;
Et ne prurigo caput occupet, omnibus horis,
    Lotricem promptam que lavet illud habet.
Preterea, faciebus aquam manibusque ministrat
    Quotidie scopis, a scobe tecta piat.
Hoc facit exterius, sed sordes colligit intus,
    Nec sibi crescentes radere curat eas.

4. Constat ut illa manus primo perpulchra lavetur,
    Que sibi presumit vasa lavare Dei;
Munda manus mundum vas quod lavat efficit illud,
    Sordida sordidius quam foret ante facit;
Tacta luto subducta sibi trahit instita sorde
    Et nigra fit subito que prius alba fuit.
Non me verrucas juste reprehendit habentem,
    Qui sibi portanti tubera parcit homo;

Les Paraboles Maistre Alain en Françoys

Ulceribus plenum primo se liberet ipsum,
   Postea verrucas deridat ille meas.
5. Nemo potest pugilem nexu prosternere fortem,
   Ni lucte patiens, aggrediatur eum.
Nunquam formose cecidissent menia Troje
   Ni ceptus fuerit quo cecidere labor.
Incipiat quicunque cupit bonus et pius esse,
   Dimidium facti qui bene cepit habet.
Quomodo fiet opus, nisi primitus incipiatur ?
   Omnia principium constat habere suum.
Audaces fortuna juvat, nil grande cor audax
   Terret, nil animi quicquid abhorret habet.
6. Non potis est magnus, gibbo prohibente, camelus
   Pertransire brevis leve foramen acus;
Nec transire sinit locupletem janua celi,
   Dum cogit miserum sistere pondus opum.
Cur anime mortem tam pravo corde requirit,
   Cur sibi quod tollit vivere, captat homo ?
Felix est pauper quem pauperat ipsa voluntas,
   Non est quod terga, cum petit alta, gravet;
Nec latro nec predo nec fur vafer insidiatur,
   Dum capit assumptas absque timore vias.
7. Mille vie ducunt homines per secula Romam,
   Qui Dominum toto querere corde volunt;
Est via que ducit montes directa per altos,
   Vepribus et spinis arduitate gravis;
Est quoque nonnullus callis quem calculus asper
   Superat et plantas quotidianus arat;
Est via per ponthum, via per deserta, per ymas
   Valles, per scopulos, per loca dura pedi,
Per nemus et latebras, per lustra timenda ferarum,
   Per spinas, tribulos, per lutulenta vada.

8. Semper hiat corvus semperque cadavera captat,
     Semper amat mortem, mors quoque pascit eum;
   Quem sua debilitas et quem premit ipsa senectus,
     Letificant illum cum putat ipse mori.
   Non solum corvus morituris insidiatur,
     Maxima pars hominum jam facit illud idem;
   Filius ante diem mortem patris optat, ut heres
     Fiat, et ut miseras lege capescat opes.
   Proth dolor ! in clerum transit dolor et scelus illud;
     Hic emit ecclesiam, dum tenet alter eam.
9. Bis bos percutitur, bis ferrum sentit acutum,
     Si contra stimulum calcitret ipse suum;
   Efficit ex uno duo vulnera, vulnere ferrum,
     Ulterior primo pejor et ictus erit.
   Cur igitur domino servi parere creati
     In dominum rabie pectoris arma levant ?
   Hic furor, hec rabies, hec indignatio risum
     Prebet, et invisum querit habere malum;
   Dum caput oppositum domino stomachante tenebat,
     Graviter evasit vincula Davus heri.
10. Immomentaneo non est modus immoderato,
     Dum baratro donat quicquid habere potest;
    Non minus excedit normam rationis avarus,
     Dum nichil expendens, semper acervat opes.
    Nemo sequatur eos, quoniam viciosus uterque,
     Est via quam virtus inter utrumque docet.
    Hic canis, ille lupus, cum carnem devorat alter,
     Vulpes ut occultet, seu canis alter opes;
    Frontibus adversis pugnantia crimina secum
     Vitet, qui vite carpere curat iter.

Les Paraboles Maistre Alain en Françoys

cap. VI

1. Si quis arare sibi fructuosum curat agellum
    Et mandare suum postea semen ei,
   Primitus extirpet spinas que frugibus obsunt
    Et vepres, si que sint ibi, falce metet;
   Obsunt et filices, filices delere nocivas
    Studet qui segetes purificare volet.
   Non seges quodcunque solum cum semine profert,
    Emergunt sordes luxuriante fimo;
   Cura vigil bene curat agros, incuria quippe
    Reddit eos steriles; unde poeta refert:
   'Neglectis urenda filix innascitur agris';
    Per filicem vicium denotat ipse viri.
2. Nescit homo quid dulcis habet dulcedinis esca
    Qui nunquam didiscit quid foret ipsa fames;
   Post sitis ardorem, post esuriem, duo nobis
    Dulcia sunt valde, potus et ipse cibus;
   Dulcius herescunt humano mella palato,
    Si malus hoc ipsum mordet ante sapor;
   Qui patitur frigus, calidos veneratur amictus,
    Qui morbum magnum, sorte salutis ovat.
   Qui bona falsa soli considerat et bona celi,
    Falsa sinat penitus et bona vera petat;
   Pectus ab illicitis et casibus exuat orbis,
    Qui volet in celis anticipare locum.
3. Non bene vivit homo quem rerum sollicitudo
    Torquet et examinat nocte dieque metus;
   Non bene securus dormit qui perdere vitam
    Una cum rebus quas habet ipse timet;
   Unde per exemplum legimus monstrasse tyrannum,

Qui non, ut dicit verna, beatus erat;
   Ad foveam ductus supra caput ipsius ensis
      Pendebat, tenui vix retinente filo;
   Huic dape conjunctam restem percepit et ausus
      Non erat hic, quoniam vidit utrinque necem;
   'Sic' ait 'est de me, lapsum casumque timente,
      Est certum propria morte vel hoste mori'.

4. Ad mala facta malus socius socium trahit et sic
      Fit malus et nequam qui fuit ante bonus;
   Nec mirum quoniam velocior ad mala pes est
      Quam sit ad illud opus quod Deus optat agi;
   Ima petit levius quam surgat in ardua pondus
      Quod vix de terra colla bovina trahunt,
   Nonne boves qui plaustra trahunt, quandoque trahuntur,
      Dum rota declivo tramite mota ruit,
   Cum trahit hec sursum quantum valet, illa deorsum,
      Impedit hec illum, retroque sepe cadit;
   Nam magis est pronum celso de vertice sumptum
      Quam quod ab occidua valle resurgit iter.

5. Advena silvarum si bestia forte caninam
      Incidit in turbam, nonne peribit ibi ?
   Nonne chilindrorum moriuntur morsibus illi,
      Quos via vel oasus protrahit inter eos ?
   Quis nisi sit serpens serpentibus associatur,
      Cum graviter pugnant id quod inheret eis ?
   Marcesunt flores et gramina mortificantur
      Que solo tactu fusa venena cremant.
   Hos inter pueros dubia gens Marsia ponit,
      Utrum se geniti sint ita scire volens;
   Illis namque solis parcunt, ut dicitur, angues,
      Dum sibi blanditiis oris amicat eos.

6. Dum curvare potes vel curvam tendere virgam,

Les Paraboles Maistre Alain en Françoys

    Fac sic ad libitum, stet tua planta tuum;
Cum vetus in magnum fuerit solidata vigorem,
    Non leviter flectes imperiale caput;
Rursus, si tortam patiaris surgere primum,
    Semper ut est primo torta manebit ea.
Sic homo dum puer est, doceatur jussa tenere,
    Ne cor assuetus imbuat ille malis.
Argillam figulus quamvis mutaverit udam,
    Sed sicce formam non adhibere potest;
Cervinam pellem latrat per tecta catellus
    Primitus, ad silvas doctus ut ire queat.

7. Tres servos tribus usque modis servire videmus,
    Non uni domino tres simul, immo tribus;
Est nam qui vult vite fidens mercede future,
    Subjacet imperiis obsequiisque Dei;
Hic servus non est, quoniam qui frena salubris
    Justitie patitur, liber et altus erit;
Est quoque qui misere subjectus paret homello,
    Ut quondam primi constituere patres;
Non tamen hunc totum sibi sujugat imperiosus,
    Interius vinclis non retinetur homo;
Tertius est servus vitio qui semper obedit,
    Hic penitus servus vivit utroque modo.

8. Ut perpendiculo paries equetur, oportet
    Ne domus hoc ipso deficiente ruat;
Quomodo stare potest titubantis machina muri,
    Si fundamentum debile fallat onus ?
A simili, si quis sublimes tendit ad artes,
    Principio partes corde necesse sciat;
Artes post partes veteres didiscere poete,
    Idcirco magnum promeruere decus;
Primo dictantes et postea versificantes,

    Tendentes ferule supposuere manus;
  Partibus imbutos, sapientia duxit Athenas
    Quadrivium trivio continuando sibi.
9. Illicitos, miserande puer, compesce furores,
    Scito quod ad mortem commovet hostis eos;
  Aufer ab his mentem miserosque videto dolores,
    Altera plus istis sunt meditanda tibi;
  Esto memor quod pulvis eris et vermibus esca,
    In gelida putris quando jacebo humo;
  Non erit in mundo qui te velit ultra videre,
    Cum tua rancidior sit cane rupta caro;
  Cur proprio caput ense secas, cur sponte cathenas
    Demonis incurris, cur sua jussa facis ?
  Motibus assidue surgentibus obvius obsta,
    Nec superet qui te sic superare putat,
10. Heu ! Quid homo tantum querit qui transit ut umbra,
    Qui nunc stare putat, nunc cadit ima petens;
  Quid certum manet huic nisi mors et mortis imago ?
    Hunc semper sequitur, hunc tenet huncque trahit.
  Heu ! Cur gaudet homo, cur ille superbit, et ad quid ?
    Cur ducit statum qui cinis est et erit ?
  Cur cupit et metuit et cur sibi subdere tentat
    Omnia ? Cur semper vivere posse putat ?
  Non sic, non, quoniam perit illa putatio vana,
    Ros cadit et vite cursus ad ima ruit;
  Sic stat homo; vel dic quo facto cetera constant,
    Quidplus sunt ? Vanum singula, queque nichil.

MHRA Critical Texts

This series aims to provide affordable critical editions of lesser-known literary texts that are not in print or are difficult to obtain. The texts will be taken from the following languages: English, French, German, Italian, Russian, and Spanish. Titles will be selected by members of the distinguished Editorial Board and edited by leading academics. The aim is to produce scholarly editions rather than teaching texts, but the potential for crossover to undergraduate reading lists is recognized. The books will appeal both to academic libraries and individual scholars.

Malcolm Cook
Chairman, Editorial Board

Editorial Board

Professor John Batchelor (English)
Professor Malcolm Cook (French) (*Chairman*)
Professor Ritchie Robertson (Germanic)
Dr David George (Hispanic)
Professor Brian Richardson (Italian)
Professor David Gillespie (Slavonic)

Current titles

1. *Odilon Redon: 'Écrits'* (edited by Claire Moran, 2005)

2. *Les Paraboles Maistre Alain en Françoys* (edited by Tony Hunt, 2005)

For further details (including how to order) please visit our website at www.criticaltexts.mhra.org.uk

www.ingramcontent.com/pod-product-compliance
Lightning Source LLC
Chambersburg PA
CBHW060348190426
43201CB00043B/1764